U0893353

父母教练 | Parenting

推动摇篮的手推动世界

新手父母成长课

让孩子在游戏中快乐成长

〔德〕莉迪亚·霍曼◎著
刘景姝◎译

长江出版传媒 | 长江少年儿童出版社

图书在版编目(CIP)数据

让孩子在游戏中快乐成长 / (德) 霍曼著 ; 刘景姝译. -- 武汉 : 长江少年儿童出版社, 2016.6
ISBN 978-7-5560-2070-6

Ⅰ. ①让… Ⅱ. ①霍… ②刘… Ⅲ. ①游戏—儿童教育—家庭教育 Ⅳ. ①G78

中国版本图书馆CIP数据核字（2015）第038703号
著作权合同登记号：图字17-2014-158

让孩子在游戏中快乐成长

[德]莉迪亚·霍曼 / 著　刘景姝 / 译
责任编辑 / 傅一新　佟 一　兰 芳
装帧设计 / 张 青　美术编辑 / 陈逸璇
出版发行 / 长江少年儿童出版社
经销 / 全国新华书店
印刷 / 深圳市星嘉艺纸艺有限公司
开本 / 889 x 1194　1 / 24　6.5印张
版次 / 2016年6月第1版第1次印刷
书号 / ISBN 978-7-5560-2070-6
定价 / 36.00元

策划 / 海豚传媒股份有限公司
网址 / www.dolphinmedia.cn　邮箱 / dolphinmedia@vip.163.com
阅读咨询热线 / 027-87391723　销售热线 / 027-87396822
海豚传媒常年法律顾问 / 湖北珞珈律师事务所 王清 027-68754966-227

CONTENTS

目录

PREFACE

前言

众所周知，学习的过程并非从入学才开始。身为父母，我们都渴望了解应该用什么样的方法才能既不剥夺学龄前婴幼儿最初的天性，又能正确地引导孩子各方面的发展。根据孩子从出生到学龄前每个重要的成长阶段，本书将为困惑的家长们介绍大量指导性的建议。这些建议能够帮助家长针对孩子的不同天赋进行教育。

本书所介绍的教育方法会根据孩子与生俱来的需求，如好奇心、想象力和发现欲进行因势利导。无论是在语言学习、感官训练，还是思维发展以及特定运动系统的训练方面，本书介绍的游戏都能帮助家长引导孩子取得本年龄段中最大程度的进步。与孩子一起画画、唱歌、舞蹈、讲故事或猜谜语，这些活动都会给亲子关系带来积极的影响。

此外，本书还会告诉家长，孩子将从什么时候开始逐渐脱离对直接监护人的依赖，为自己寻找同龄的玩伴，而家长又该如何促进这种意向的发展。书中的每一章都分别介绍了幼儿的一个发展领域。用深入浅出的语言对专业的知识和概念进行讲解，在讲解中还穿插了有趣的游戏示例和内容丰富的建议与背景知识。不过，家长们在阅读时应该注意，书中所划分的年龄段只是为了便于参考，而不是划分幼儿行为的绝对准则。每个孩子基础能力的发展都有属于他们自己的节奏。

01

第一章

成长——循序渐进的脚步

边游戏，边成长

在什么时候、用什么样的方法才能令孩子的基础能力得到最好的发展，并提高他们学习的主动性，这是父母、教育家以及科学家共同关注的问题。而大家讨论的焦点首先集中在学前班或学前教育的问题上。家长们最关心的问题就是，怎样才能让自己的宝宝在婴幼儿时期得到最好的教育。身为父母，我们恐怕都有相同的困惑：我们是应该让孩子尽早学习有针对性的内容，向他们灌输知识或进行系统的练习，为了更好地达到学校的要求而做准备？还是给孩子一个无拘无束的童年，让他们自由自在地

成长？本书为大家介绍的方法恰好能够做到二者兼顾。通过这些方法，父母就可以在游戏和娱乐中有针对性地促进孩子们的发展。此外，本书还介绍了不同成长阶段起始的时间和关键的基本信息。这些信息可帮助我们构思出更多利于孩子成长的趣味创意。

成长的秘密

当我们谈到“成长”二字时，我们所指的其实是无数次人生必经的改变过程。这些改变贯穿于我们的一生。但任何一个阶段的改变都不像生命最初几年那样全面、迅速而强烈。

成长的阶段性

在生命最初的几周、几个月甚至几年中，孩子会经常地与周围的环境进行互动，这种互动促进了他们的成长和发展。婴幼儿会将从环境中获得的经验和带有个性含义的信息记录并储存下来，这一过程使大脑中现有的神经细胞以各种不同的方式彼此连接。当特定的动作、词语和感觉印象不断重复时，这种连接便得以强化。通过这种方式建立起的神经网络则为幼儿进一步的学习奠定了基础。如果我们能够在孩子身上投入更多的时间和精力，让孩子的神经网络得到适合其年龄规律的刺激，那么它就会发展得更加丰富，更具多样性。人类的成长是分阶段的，而成长阶段的顺序基本是固定的。每个成长阶段总是建立在前一个阶段的基础之上。因此，如果我们能够对成长阶段的典型顺序有大致的了解，就有利于判断及了解孩子所处的成长阶段以及

在该阶段需要克服的困难。书中的成长顺序将为家长列出相应阶段的平均年龄。不过，我们想再次重申，这里列出的平均年龄并不是僵化的硬性标准值。给出这个标准的目的只是为了使家长们能够提早意识到孩子可能存在的发育滞后，并且在这种情况下及时咨询儿科医生。身为家长，我们必须牢记，幼儿在成长过程中出现差异是完全正常的现象。这些差异会在最初的几年中自然而然地渐渐缩小。

成长的整体性

本书对婴幼儿感知、运动及语言等不同技能领域的发展进行了分章介绍。这样的安排能够更好地展示及描述该领域的发展变化，并介绍该领域中技能的强化方法。事实上，这些看似独立的成长领域彼此是紧密相联、不可分割的。它们互相影响、互相制约。例如，孩子只有在语言领域已经获得了一定的能力后，才能更好地提高社交能力。

成长的个体差异性

虽然所有的孩子在成长中都会经历特定的时期或阶段，但是每个孩子的成长经历都是独一无二的。幼儿间的个体差异非常明显：有的孩子可能很早就会开口说话，但是迈出第一步却需要较长的时间；而有的孩子可能在一岁时就能满屋子跑，却迟迟不肯张口；还有的孩子或许会直接跳过某一阶段，比如没学爬就直接开始走路了。

知识链接

敏感期

很多科学家认为，我们在成长过程中会经历不同的“学习敏感期”。在敏感期中，儿童对特定的学习内容极易接受，并能够以最佳方式掌握它们。当孩子处于这个时期时，只要为他们提供恰当的学习材料和外部刺激，他们就能够在游戏中轻松地获得相应的能力。反之，如果孩子在敏感期内没有得到相应的外部支持，那么在错过敏感期以后，再想学习相应技能就困难得多了。

游戏有什么意义?

孩子天性喜爱游戏，因为这是他们认识世界的方法。很小的宝宝就会表现出尝试不同行为的强烈欲望。这些小探险家们会对身边一切事物感到好奇而惊叹，而这些东西对于成年人早已失去了新鲜感。他们渴望发现、触摸并弄懂身边的一切东西，希望尽可能地靠自己的尝试去发掘各种物品的妙用。因此，对于学龄前儿童来说，游戏绝不是浪费时间，也不是单纯的娱乐，而是他们的主要任务。通过游戏，幼儿能够不断地锻炼、强化并检验自己各方面的能力。孩子玩耍的机会越多，越容易树立自信、平衡身心并且变得多才多艺。在玩耍的过程中，年幼的孩子能够学会专心致志、遵守规则及持之以恒。这些能力将对他们今后的学业和事业大有裨益。因此，游戏或玩耍不是学习的前奏，而是一种获取知识的重要方法。

有的放矢

作为父母，我们能够给予孩子最好的支持和帮助莫过于细心观察他们的一点一滴，耐心地陪伴他们成长。这样，父母通过敏锐的感觉，就能很快判断出，哪种刺激和引导最适合自己的孩子。我们应该注意，不要单独而孤立地训练孩子某一个方面的能力，比如阅读学习。发展是一个整体性的进程，我们在对孩子进行早教时一定要牢记这一点。让孩子在游戏中接触不同的对象、材料或伙伴，积累各种各样的经验，这会对他们各方面的发展具有全面的促进作用。这里，我们为大家列出几点教育孩子时需要注意的事项。本书后面的章节中也会对这

几个基本点进行反复强调：

· **孩子的成长需要爱和关注。**只有从宝宝一出生起就满足他们对温暖、亲近、关心和安全的需要，他们才能建立起足够的信任感，踏上独立自主的人生道路。

· **请将孩子视为独立的个体，尊重其独特而宝贵的个性。**这样，孩子才能学会珍惜自己。这是幸福生活的重要前提。

· **在教育孩子时不要将自己的目标强加给孩子。**教育应该以孩子的需求，而非父母自己的想法为出发点。教育的目的不是为了实现父母个人的愿望。我们应该关注孩子，努力设身处地地体会他们的需求，解读他们的愿望。

· **不要拿自己的孩子与其他孩子比较。**即使同龄的孩子已经可以说单字构成的句子，而自己的孩子只能勉强地叫声“妈妈”，我们也不必慌张。每个孩子都是不同的。每个孩子都有权力自由地成长，而不必受时间的约束和日期的限制。请记住，每个孩子的成长过程都是独一无二的。

· **既要给孩子充足的自由空间，又要为他们设置明确的界限。**如果孩子受到过于强烈的限制，他们就会失去与生俱来的好奇心、勇气和坦诚。但是，我们也需要确立一些固定且有理有据的规定。教育孩子们遵循这些规定，因为这些规定也能够对孩子们的日常生活起到辅助作用。

· **培养孩子的独立性。**但同时，我们也要给孩子足够的安全感。无论孩子遇到什么紧急情况，父母都应该是他们的坚强后盾。我们应当鼓励孩子独立自主，不依赖他人。只有这样，他们才能独自面对生活中的挑战，成为能够独立生活、独立思考的人，进而把握自己的人生。

02

第二章

感知——通往世界的大门

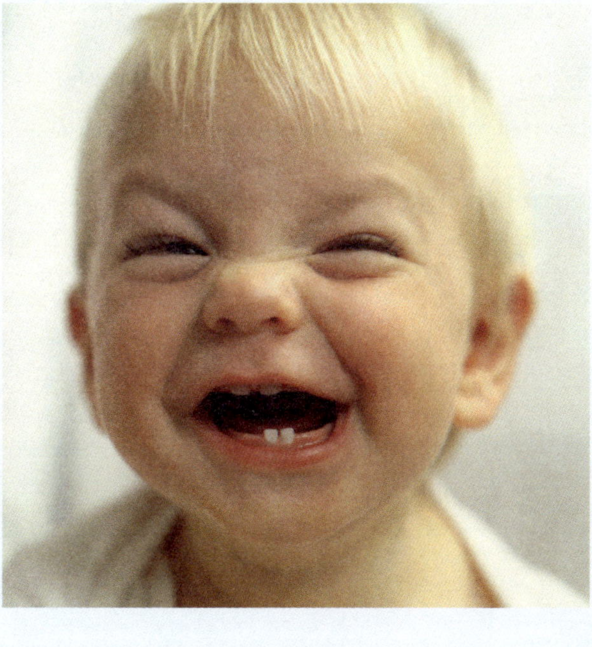

开启五感，探索世界

人类通过自己的五种感觉器官去接触世界。但是，感知的能力不仅限于这些感觉器官的功能。当我们从周围的环境中接收到了不同的刺激时，感觉细胞会接收这些刺激并将其转换为信息。之后，这些信息会继续传递到大脑，在那里接受进一步的理解和加工。只有经过这些步骤，我们才能够感知到具体的事物，如一个竖长的矩形，里面有三个彩色的圆圈。而在感知之后，我们还需要依靠经验才能判断出这是一个交通信号灯。因此，越多地使用、锻炼与发展孩子与生俱来的感觉能力，他们的运动、思考、语言表达和社会交往能力就会发展得越好。这条规律对所有的孩子都适用。

视 觉

研究表明，新生儿在出生后能够看清20厘米以内的事物。这恰好是哺乳时婴儿与母亲对视的距离。在这个距离内，宝宝们不仅能够认出光明与黑暗，还可以区分一定的颜色。婴儿出生时，他们的眼部肌肉就已经发育完全了。婴儿可以看到一个物体，并且用眼睛追踪它，因为他们的反射系统已经建立，能够支持必要的运动。这一系列前提使得新生儿不仅具有被动接受事物的能力，还会主动寻找新的刺激。虽然婴儿生来就已经具有了一定的视觉能力，但对这些能力进行强化锻炼是极其必要的。如何让眼睛完美地适应各种不同的距离，如何更长时间地关注有趣的东西，如何协调眼部和头部的运动，这些能力都是通过学习才能逐渐掌握的。

丰富生活，强化视觉

我们应该让孩子周围的环境变得更加感性且富于变化。但请注意，环境的丰富并不意味着为宝宝提供大量的视觉刺激。过多的刺激反而容易适得其反，只会让宝宝留下模糊的印象，却无法专注于细节。摇动的婴儿床，色彩鲜艳的玩具，妈妈表情丰富、谈笑风生的脸，这些对于小宝宝们就足够了。婴儿喜爱富有明暗对比和运动中的物体。越大的孩子越应当从环境和自然中得到更多的刺激，这对于他以后的成长是相当必要的。

睁大眼睛的游戏

游戏不仅能促进宝宝的视觉发育，还有益于其各个方面的成长发育。

在这里，我们为大家介绍几个小游戏：我们在这里向大家建议的游戏不仅能够锻炼宝宝感知和区分形状的能力，还能促进注意力和专注力的提高。下面这个游戏适合一到两岁的宝宝。

亲子游戏

●形状连连看

所需材料：不同形状的积木，如立方体、棱锥体、球体、圆柱体等等。

每个形状准备两块。先让宝宝看一块积木，再把这块积木放到宝宝手中，告诉他："这是一个圆锥体，另一个圆锥体在哪里呢？"如果宝宝还不能独立找出另一个，爸爸妈妈就帮他找出来。

亲子游戏

●照 镜 子

父母与孩子面对面站立。一个人随便做动作，另一个人模仿对方的动作，就像是在照镜子一样。模仿时要尽可能减少延迟时间，越快越好。

这个游戏适合三岁以上的孩子，训练的是观察和快速模仿的能力。

听 觉

汽车的轰鸣声，树叶在风中的婆娑声，商场广播中的音乐声或者邻居的说话声——我们生活在一个充满声音的世界里。声音能够向我们传达这个世界和其他人的消息。听力对于语言能力的顺利发展更是具有举足轻重的意义。其实，通常被我们称为“耳朵”的器官，其实只是听觉器官的外部，它像漏斗那样把声波都收集起来，通过外耳道传入听觉器官的内部。外耳道的尽头是鼓膜。声波传入后，鼓膜会随声波震动。同时，鼓膜也是通往中耳鼓室的大门。鼓室中的听小骨会接收到声波，接着把声波传递给内耳中的耳蜗。这里是听觉细胞的真正所在之处。它们会将声波的振动转化为特定的信息，之后借助听觉神经将信息传达给大脑。

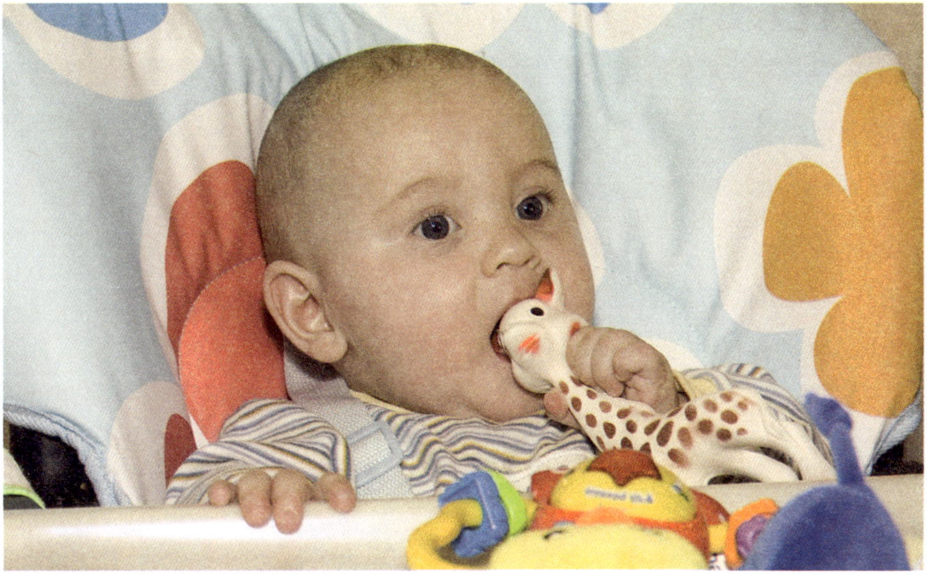

出生后的稳步发展

研究已经证实，胚胎在妈妈子宫里的时候就已经能够听声音了。通过羊水的流动过滤，宝宝们不仅能够听到妈妈的心跳、母体中的声音和妈妈的说话声，还可以听到音乐以及周围的其他声响。科学测试证明，新生儿就已经有能力区分妈妈的声音和其他声音了。小婴儿会把头偏向声音发出的地方，这样的反应最初只是一种条件反射，但随着外界刺激的增加和大脑的不断发育，这种反应将逐渐发展成为一种有意识的行为。

三个半月到四个月大的婴儿开始对声音越来越感兴趣。他们会很积极地去倾听周围的声音。这种专注的行为对于语言能力的发展有着重要意义。慢慢地，婴儿开始能够记住一些声音，并且再次辨识出来。随着分辨声音这一能力的不断发展，婴儿开始将语调和发音与某种意思联系起来。快满一岁的宝宝总是先把头完全扭过去，再用眼睛搜索声源。随着年龄的增长，孩子们将慢慢学会更好地确定声音传来的方向。一岁半至两岁大的宝宝就已经可以很好地记住听过的声音，还能设想出熟悉的声音或响动。两岁左右的孩子就能津津有味地专心听妈妈讲故事了。五岁的儿童在语言理解、专注倾听以及听音反应等方面都有更细致的发展。让我们一起来制造各种不同的声音吧。下面这个游戏适合两岁以上的孩子。

知识链接

人类的声音

听力系统很早就已经形成，这说明人类从出生起就渴望建立社会关系。几乎所有的新生儿对人类的声音都有着明显的偏好。除此之外，出生仅仅几个小时的婴儿就能知道有人来到他们面前，因为他们能将监护人特有的说话方式与其运动对应起来。

亲子游戏

● **锅碗瓢盆打击乐**

所需材料：各种大小不同的锅碗瓢盆、塑料杯，两把长柄木勺。

把这些厨具当作打击乐器，用两把木勺作鼓槌，这样就可以发出声音啦。我们可以给孩子演示，怎样敲出大小不同或有节奏的声音。

下面这个游戏能够提高孩子的注意力和反应力。两者都是入学必需的能力。适合四岁以上的孩子。

亲子游戏

● **敏 感 词**

编一个故事，故事中要包含之前说好的特定词语。例如，提前告诉孩子："只要你听到'山'这个词，就赶快站在椅子上，听到'兔子'这个词的时候，就赶快跳起来。"如果经常玩这个游戏，我们就会发现，孩子会变得越来越专注，反应也越来越快。

触觉与感觉

抚摸，挠痒，轻捏——所有与接触有关的感官都在我们的生活中扮演着重要角色。皮肤是我们身上面积最大的感觉器官，上面有不计其数的感觉细胞和传感器，它们能将触摸产生的刺激传递给大脑。指尖、嘴唇，还有舌尖上感受压力的细胞特别多，因此这些部位对触碰极为敏感。除了触摸，我们的皮肤还能感受到疼痛和冷热。

触碰与被触碰

接触所产生的刺激是新生儿与这个世界产生的最直接、最强烈的联系。出生后第一周的婴儿就会对触碰有所反应。接受抚摸时，他们会把腿蜷起来。不仅如此，最初的条件反射通常也是由触摸引起的。只要轻触婴儿的脸颊，他就会转动小脑袋去寻找妈妈的乳房；如果轻轻挠挠他的脚底，婴儿就会弯起脚趾。大家可能都注意过，不管手上拿到了什么东西，小宝宝都会立刻往嘴里塞，因为用嘴唇和舌头能感受到不同物体的质感。随着年龄的增长，

大脑神经中枢与抓取的能力会进一步发展，宝宝指尖的感受力也会随之提高。这时，小探险家们便不再依赖自己的嘴巴，而是使用手指来感受未知的物体了。他们会触摸未知物体，如果可能还会把它拿到手里。这样他们就能对其表面结构、材料、形状和大小有所了解。除了眼睛看到的画面，我们的大脑还会记住关于物体触觉的印象。这些印象让我们可以在黑暗中从满满的手提包里找出家门钥匙。

哭泣的宝宝最喜欢让爸爸或妈妈抱在怀中爱抚并安慰。这是让他们恢复平静的最好办法。孩子都需要抚摸和温柔，这有助于他们触觉的发育。在出生后的第一年内，宝宝就能够学会区分定点触碰和大面积抚摸。同时他们能够积累足够的经验，明白有些触摸是坚硬有力的，有些则是轻柔且温和的。因为这些体验直接与他们的身体相关，所以也有助于他们渐渐形成对自己和自己身体的认知。身体接触对于亲子关系是十分重要的。当我们握住孩子的手，抚摸、亲吻并拥抱他们时，我们就为孩子营造出了一种信任、安全、温暖并且亲密的氛围。这种氛围是促进儿童全面发展的理想基础。

实用小贴士

●睡前按摩

按摩通常能起到放松身心的效果。如果宝宝晚上睡觉不太安稳，我们可以把按摩时间安排在晚上。在睡前大约一个小时进行按摩，宝宝就能够在“昏昏欲睡”的同时享受舒服的按摩。这样能够让宝宝放松地进入梦乡。

不到一岁的宝宝喜欢抓取身边的物体，把它们握在手里认真地感觉。这是他们认识周围环境的主要途径。在捏泥巴、画画或玩水的时候，小小探索者们就能够了解各种材料的粘稠度、温度、形状和其他特性。在活动的过程中，触觉不仅可以与其他感官，还可以与身体的运动相协调。这些相关的能力既是分别发展的，又是紧密相联的。我们可以举一个典型的例子：一个孩子看到水果盘里放着一个苹果，这引起了他的注意。他跑到果盘前，伸手拿起了苹果。

这一过程看似简单，但肌肉传入大脑的信息是，手部和臂部的肌肉不需要很大的张力，因为苹果并不太重。

在看到苹果时，孩子能认出其红黄相间的颜色和光滑的表面。在孩子的手拿到苹果后，他也能感觉到表面的这种质感。

拿到苹果后，孩子放在鼻子下闻了闻，随后就咬了一大口。这时，他不仅可以听到清脆的声音，还会感受到苹果特有的硬度和味道。

通过这个简单却常见的过程，我们可以看到：感知需要全身各个部分的配合才能完成。

感觉是关键——游戏创意

下面，我们为大家介绍几个促进孩子触觉发展的游戏。亲密的身体接触也有益于家长和孩子间亲子关系的发展。第一个游戏可以让孩子通过不同的触摸方式获得愉快、舒适的感受。这个游戏适合一岁以上的孩子。

亲子游戏

●哈哈哈——挠痒痒

轻柔地挠捏孩子身体不同的部位：肚子、腋下、脚丫还有背部。这样不仅很有趣，还能帮助孩子认识自己的身体。

下面这个游戏需要注意力和抽象思维能力。同时，身体接触也会让人更加放松，更加亲近。这个游戏适合四岁以上的孩子。

亲子游戏

●背上的图画

用食指在孩子的背上画出简单的图案，比如一个太阳、一棵树或者一朵云。想象力是没有边界的。一边画，一边让孩子猜猜您画的是什么。

下一个游戏能让孩子探索不同物体的不同特性。这个游戏适合三岁以上的孩子。

亲子游戏

●神秘的百宝箱

所需材料：一个有盖子的鞋盒，在侧面开一个可以把手伸进去的洞；各种不同的物品，如栗子、鸡蛋、核桃、棉花球、小夹子、蜡烛、钮扣、橡皮、玩具车等。和孩子一起选择物品，商量好它们的名字，然后把这些物品放入盒子。把盒盖盖上，“百宝箱”就完成了。让孩子把手从盒子旁边的洞伸进去抓取并触摸盒内的物品，猜猜自己摸到的是什么。确定了答案之后再拿出来看看猜得对不对。

嗅觉与味觉

宝宝从出生起就具有嗅觉和味觉。新生儿的小鼻子特别灵，他们可以在短短的几天里用气味辨认出自己的妈妈。吸气的时候，我们能通过鼻子自动识别气味。这是因为我们的鼻腔上部聚集了大量的嗅觉细胞，它们会把收集到的气味信息传递给大脑中的嗅觉神经中枢。在那里会建立起“嗅觉记忆”，这样我们就能认出熟悉的气味了。当闻到陌生的气味时，我们的反应就会比较敏感，因为我们没有“储存”这些气味的信息。通过对有毒、腐烂或者焦糊气味的辨识，嗅觉还能保护我们，让我们远离危险。儿童在生命的最初几年会接触到大量新鲜的气味，他们的嗅觉也因此得到迅速的发展。在宝宝

的记忆中，气味和味道的印象是与特定场景中的经历或感受紧密相联的。

知识链接

不可分割的嗅觉与味觉

在进食的过程中，嗅觉甚至比味觉更加重要。我们注意到，这两者间有着非常紧密的关联性。比如，感冒的时候，即使吃再美味的食物也味同嚼蜡。

实用小贴士

●轻松吃饭

孩子的味觉和嗅觉是极其敏感的。因此给孩子准备的食物不应该口味太重。很多孩子都不喜欢吃特定的食物，比如胡萝卜或者洋葱。我们应该鼓励孩子去尝试不同味道的食物，但是千万不要强求！只有在轻轻松松、没有压力的气氛下，孩子才会喜欢并享受吃饭的过程！

孩子所接触的事物及经历越丰富，嗅觉的准确度及分辨力就越高。

感受味道的味觉细胞主要分布在我们的舌头上，它们被称为“味蕾”。味蕾能够分辨出四种味道：甜、咸、酸、苦。宝宝从一出生就能分辨这四种味道。在嗅觉与味觉的共同作用下，饮食会形成一种对特定味道的体验。这种经历会形成一种味觉印象存入儿童的大脑中。

闭上眼，张开嘴！

这个游戏的主旨在于，告诉我们如何帮助孩子尽可能多样地获得感官体验，并将其存入大脑。如果宝宝能够同时形容出嗅觉和味觉的不同感受，那么我们的小美食家不仅能够扩充词汇量，他们对于词语含义的理解力也会获得长足的进步。

亲子游戏

● 味觉测试

所需材料：几个装着不同食物的盘子，如巧克力、香蕉、香肠、奶酪、草莓酱、辣椒、奶油、胡萝卜、葡萄；蒙眼睛的布。

先把盘子里放的所有食物展示给孩子看，告诉他们每种食物的名称。然后蒙上孩子的眼睛，让他们分别试吃这些东西。一边吃，一边让小美食家们猜猜刚才吃的是什么。在每次试吃前最好让孩子喝一口水，以免受之前食物口味的影响。这个游戏适合四岁以上的孩子。

请注意，千万不要在上述游戏中给孩子吃味道怪异、恶心的食品，否则孩子很可能会因此失去对食物的兴趣！

亲子游戏

●棒棒糖来指路

用粉笔画出一条小路。小路上有通往左、右两方向的分支，路的终点就是预定的目标。先把规则告诉孩子：吃到甜的棒棒糖时要左转，吃到酸的棒棒糖时要右转。然后蒙上孩子的眼睛，让他一直向前走，遇到岔路口时，家长要把特定口味的棒棒糖放到孩子口中。这个游戏适合三岁以上的孩子。

身体感知与平衡

不仅对环境的感知很重要，对自己身体的感知也同样举足轻重。不同的感官在身体感知中扮演着不同的角色。当我们接触到某个物体时，皮肤上的触觉细胞会把相应的信息传递给大脑。此外，在皮下更深层的组织里，如肌肉、肌腱或关节中还有许多与运动有关的感官细胞。它们能将我们身体姿势、位置以及运动的信息传递给大脑。例如，通过肌肉的紧张程度，我们就能判断出手中所提物体的重量。由于拥有对位置和运动的感知能力，我们即使闭着眼睛也能知道自己的双臂是弯曲还是伸直的，背部是蜷缩还是挺直的。除此以外，这些感官还是孩子学习判断时间、空间、地点、强度的基础。

平衡最重要——游戏创意

锻炼身体感知能力的小游戏很多。我们不需要准备额外的工具或材料，只要投入足够的兴趣和热情就够了。比如“转圈飞”这个游戏，只要把孩子举起来转圈，让孩子“飞起来”就可以了。两岁以上的孩子就可以做这个游戏。

传统的枕头大战也有利于孩子身体感知的完善，孩子对位置、运动和空间的感觉都会得到锻炼。除此以外，投掷、跳跃，甚至摔跤都可以使孩子积累这些方面的宝贵经验。

下面这个游戏适合三岁以上的孩子，它可以增强孩子对身体的控制力。

亲子游戏

●国王驾到！

所需材料：枕头，红色斗篷或披肩，椅子。

在大约五米远的地方放一把椅子作为宝座。孩子要准备加冕成为国王或女王。让他们披上披风，把象征王冠的枕头顶在头上，然后庄严地走上自己的宝座坐好，要保证当作王冠的枕头半途不能掉下来。

接下来为大家介绍一个锻炼平衡能力和身体感知力的游戏。这个游戏适合三至五岁的孩子。

亲子游戏

●走 钢 丝

所需材料：绳子或很窄的板子，两个充满气的气球。

把绳子或板子放在房间的地板中央。让孩子每只手拿一个气球，伸平双臂，一边保持平衡，一边从绳子或木板上走过去。中途既不能“掉下来”，又要保证气球不飞走。

亲子游戏

●我先唱，你来接

所需材料：简单儿歌的CD。

播放CD，放一会儿后暂停，鼓励孩子自己把未完的旋律唱完。年龄较小的宝宝可以这样：父母先哼唱一小段简单的曲调，让孩子和自己一起唱或者独自接着往后唱。

特别篇

音乐教育：声音中的乐趣！

舞蹈，唱歌，律动，倾听，哼唱：您知道吗？除了悦耳动听，音乐也有很多有益的作用呢。无论是整首乐曲，还是简短的旋律或音符，这些都可以运用在音乐早教中。因为不同的音乐组合可以更好地唤起并促进儿童的注意力。体验式教育学理论认为，与学习某种特定的乐器相比，尽量让儿童接受音乐、曲调和歌曲的熏陶更有助于他们的发展。在音乐的陪伴下，孩子们不仅更愿意运动，也更容易与其他小朋友建立联系。他们会拥有更加活跃的动作想象力，还会把一些动作加入节奏韵律感强的运动形式中。除了身体的感受能力，音乐还能起到调节精神的作用：研究表明，越早培养孩子的乐感，他们的注意力就越集中，创造力也越强。

音乐教育的方式：应根据孩子的年龄阶段而变化。年龄比较小的孩子适合在日常生活中进行一些音乐游戏。家长可以陪着宝宝一起听着音乐跳跳舞。请注意，在给宝宝听音乐时请慎用广播。经常在音乐和语言之间进行切换很可能会使小宝宝们产生混淆。我们最好播放CD，还可以时不时地改变一下音乐风格——活泼明快的音乐适合跳舞，而舒缓的古典音乐则适合静静依偎。稍微大一点的孩子（三岁以上）就可以参加音乐早教班了。老师会组织一些音乐游戏，让您的孩子和其他的孩子一起参加。

03

第三章

运动机能——生命在于运动

生命在于运动

当我们回忆童年时代时，就会发现最美好的经历几乎都与运动有关。建造沙堡，追逐嬉戏，跳水坑——这都是孩子们最喜爱的游戏。这些运动既能增添生活乐趣，又能提高孩子的活跃性、安全感和自信心，在孩子的成长中起着重要的作用。

如果得不到足够的运动，孩子的体重就容易超标，更有甚者，还可能造成发育迟缓或伤害身心健康等不利后果。

运　动

“运动”这个概念一般是指各种动作的过程。在日常生活中，我们需要完成很多复杂的动作。而这些动作则都以运动机能发展的不同阶段为前提。通常，我们将运动分为两类：大运动（头部、躯干、腹部、胯部、背部、肩膀、手臂和腿部的运动）和精细运动（手指、脚趾、脸部和声音的运动）。

亲子游戏

●大脑锻炼操

当宝宝处于放松的仰卧状态，双腿蜷缩时，我们可以轻柔地把他的一只小脚拉向另一侧的小手，之后再交换一侧重复进行。这种交叉运动不仅为宝宝学习爬行进行了很好的演练，对宝宝的大脑来说也是一种“锻炼操”，因为它可以同时刺激宝宝的左脑和右脑。不过，如果宝宝不愿配合，我们一定不要强制他进行练习。这个游戏适合零至三个月大的婴儿。

最初的反射

在降生之时，婴儿已经具有了一些先天的运动模式。我们将这些运动模式统称为“反射”。反射会成为宝宝受到特定刺激的固定反应，如受到抚摸或听到声响时就会发生。由于这些与生俱来的反射对婴儿的生存至关重要，所以儿科医生会对每个孩子进行检查，以确保他们身体两侧都有应有的反射反应。不过，这些运动模式、行为模式只会维持短短的几个月。随着大脑和中枢神经的不断成熟，儿童越来越能在运动能力发展过程中适应新的刺激和环境。在下文的实用资料中，我们将为父母列举一些新生儿生存所必需的反射。

准备迈出第一步

从三四个月到一岁期间，婴儿会形成很多新的、基础的运动模式。宝宝会在成长中不断练习、强化以及丰富这些运动模式，最终使得它们成为自动的反应。

他们会逐渐学会如何有意识地使用肌肉，如何有目的地做出动作以及如何协调自己的感知和运动。具备了这些能力，宝宝才能更好地体验和探索周围的环境。

姿势和头部的控制

这个阶段中最重要的任务之一就是学会对头部的姿势以及身体其他部位进行控制。出生一周的婴儿就能够稍稍抬起自己的小脑袋，不过时间很短。

三个月的宝宝就可以自己抬头了。如果让宝宝趴着，他就能成功地自己抬起小脑袋，保持向前看的姿势。同时，宝宝身体其他部位的姿势也会开始有所改变。新生儿的身体是缩成一团的，他们典型的姿势是关节弯曲，双臂和双腿都收紧，手指握紧成小拳头。随着时间的推移，宝宝们关节和四肢就会变得越来越舒展了。

知识链接

新生儿的重要反射

寻找反射：大约会持续三个月。有人抚摸宝宝的脸颊时，宝宝总是会转动小脑袋寻找抚摸的来源。

吸吮反射：大约持续三个月。一旦有东西碰到嘴唇，宝宝就会开始吮吸。

吞咽反射：当奶汁接触到宝宝舌头根部时，气管就会自动关闭。这样宝宝喝奶的时候就不会呛到。

迈步反射：大约持续两个月。当宝宝身体直立时，如果有一只小脚接触到平面，他的另一只脚也会往前迈，好像要走路一样。

站立反射：大约持续四个月。当宝宝身体直立时，如果小脚接触到平面，宝宝的腿会因为用力而蹬直。

翻身、转身和坐起

除了上述变化以外，宝宝还将渐渐学会自己翻身，从趴着变成躺着，过一会儿可能会再翻回来。到了五到六个月大的时候，他们就能协调肩膀和胯部的动作，自己转身了。这样，他们就可以积极地与周围的环境进行互动。半岁的宝宝已经具有足够的力量和控制力，可以独立坐好了。此外，他们越来越频繁地、有目的地使用自己的双手，例如用一只手拿住玩具，同时腾出另一只手去抓新的玩具。

翻身和转身的运动会持续不断地完善，在宝宝九到十个月时，他就能够凭自己的力量坐起来了。为了完成这个动作，宝宝会将之前练熟的各种技能全都用上。

亲子游戏

●手 臂 操

让宝宝双臂弯曲，在胸部交叉。轻轻地把宝宝的身体向两侧翻动。我们可以通过这种方式为宝宝以后的翻身运动做准备。

匍匐，爬行，站立，行走

如果有足够的空间自由进行运动，宝宝就会不停地活动：他们一会儿趴在地上匍匐前进，一会儿又会爬来爬去。爬行不仅能够训练宝宝手臂和腿部的肌肉，练习身体的平衡，还能够扩大他们的视野。

这时，如果握住宝宝的双手，他们就已经能够试着用双腿支撑住身体的重量，摇摇晃晃地迈出人生最初的一步了。不过，最终何时能够不依靠任何帮助而独立走出自己的第一步，不同的孩子之间存在着很大的个体差异。一般情况下，一岁的宝宝在家长的带领下就已经能够走得很快了。

这时，比较勇敢的宝宝已经可以独自站立，甚至敢于尝试独立迈出行走的第一步。宝宝刚走路的时候上身是前倾的，两腿分得很开，还是摇摇晃晃的。不过，大部分的宝宝还是比较小心的。他们更喜欢爬行或者被大人牵着走，大概要再过两三个月后他们才会觉得比较有信心。与大运动相比，精细运动的发展更加缓慢。这个月龄的宝宝在精细运动上会取得一项重大的进步："镊子夹"，即孩子可以伸出两个手指，捏住一个小巧的物体，如毛绒玩具等。

亲子游戏

●爬一爬，看风景

我们可以把床单和枕头堆成一个小山丘，用毛毯铺作平原。鼓励孩子爬上小山丘。如果孩子能够完成，一定要及时对我们的小登山家予以鼓励哦！这样，我们就能够通过游戏的方式对孩子的肌肉和灵活性进行训练。

这个游戏适合十一个月以上的宝宝。

勇于锻炼，勇于尝试

直立行走的姿势解放了人类的双手。两三岁的幼儿已经能够比较娴熟地行走了。凭借这一技能，他们在周围的环境中越来越游刃有余。这时，精细活动与灵巧性训练的重要性就日益突出了。越来越多的新经验会在孩子的大脑中形成日益复杂的运动图像和运动模式，这种发展为日后的不断学习奠定了基础。

实用小贴士

●创造安全的居家环境

孩子越好动，我们就应该为他们提供更广阔的活动空间。为了让他们快乐地运动并积累新的经验，父母应该为他们创造更多的活动可能，令他们能够触摸、抓举、推动甚至投掷更多的物体。只有这样孩子们才能学会如何让自己的活动适应不同的场景和空间条件。这也意味着，家长的当务之急是尽可能排除一切危险的来源，给孩子安排一个安全的居家环境。

日常生活与运动

大概十五个月大的时候，宝宝就已经可以用大拇指与食指抓住杯子的把手，把它举到嘴边喝水，然后再把杯子放回去了。这个月龄的孩子也已经能够学会自己用勺子吃饭。开始时，孩子难免会泼溅出很多汤饭。这时，我们应当保持耐心。即使他们的鼻子耳朵上还粘着菠菜，我们也要赞美孩子新获得的独立能力，因为每个小小的成功都会提高孩子面对新挑战的自信心和积极性。餐桌礼仪是以后才需要学习的内容。这个月龄的孩子走路的进步也越来越大。多数宝宝在十五到十八个月的时候就可以开始爬楼梯了。宝宝需要扶着栏杆，等两只脚都站上同一级台阶时，再开始攀登下一级。这也被称为“调整步”。

边游戏，边运动

日益娴熟的运动技巧也能在游戏中体现出来。十五个月大的宝宝已经可以用积木搭一座塔，或者按照大小把叠叠圈堆起来。

从三岁到五岁，孩子会变成一个真正的小运动员。他们整天不知疲倦地走路、跳跃与奔跑，通过这种方式不断完善自己的运动能力。不过，每个孩子运动的频率和能力发展的速度都会因各自不同的性格和基因而异。

无论天性如何，所有孩子都需要足够的场地和机会去尽情玩耍，探索新知。球类运动最能锻炼孩子的反应和协调能力；跷跷板和秋千则能促进平衡能力的发展。在这个年龄，幼儿的精细动作也会获得长足进步。他们开始能够玩简单的拼图，拧开玻璃瓶的盖子或者照着图样用小块积木搭出简单的构造。

在这一阶段中，只要父母肯花费精力和时间，就能获得令人欣喜的效果：孩子的自信力和掌控力都会越来越强，孩子的身心也能够得到平衡的发展。

实用小贴士

● **在自然中尽情游戏**

请尽量带孩子在自然环境中玩耍。一家人一起游玩，如去水上世界或游乐园时，幼儿会容易表现出对运动的积极性。运动和小憩会令爸爸妈妈也感到身心舒畅。很多平时累积的压力会在户外运动时一扫而光！

锻炼耐力与协调性的游戏

以下我们会介绍几种游戏，这些游戏能够帮助孩子锻炼、发展并改善他们已有及新学的运动技能。在游戏时，我们应该尽量发挥自己的想象力。

碰上阴雨连绵的天气，小朋友就无法尽情地在游乐场上释放自己的无限精力。下面这个游戏正好能够解决这一烦恼，适合一岁半到两岁的幼儿。

亲子游戏

●障碍赛跑

所需材料：不同大小的箱子和纸盒、被子、呼啦圈、椅子、木板或任选材料。

用这些材料铺一条设置了不同障碍的跑道。沿着跑道行走的时候，宝宝必须翻越不同的障碍或完成各种任务：爬上箱子，翻过枕头和被子搭成的小山，双脚跳入呼啦圈，站在毯子上扮演稻草人，把球从两腿中间滚过去，再自己爬过去追回来等等。

下面这个游戏能够让孩子在运动中体会韵律感，适合一岁半以上的幼儿。

亲子游戏

●**双人舞蹈**

像跳交谊舞那样与孩子面对面站好，让孩子把双脚踏在我们的脚背上。抓住孩子的胳膊，带着他轻缓地左右摇摆。移动的时候注意要把腿伸直，让小舞伴能平稳地站在我们的脚背上跟着摇摆。

下面这个游戏是锻炼速度和灵活性的，适合两岁以上的幼儿。

亲子游戏

●**气球泡泡浴**

所需材料：儿童浴盆，一些五颜六色的气球。

气球不要充得太满。游戏时，孩子要一边在房间里跑，一边尽可能眼疾手快地抓住气球扔进浴缸。我们可以逐渐提高气球飘动的速度。也可以与宝宝一起抓气球，并且和宝宝进行比赛。我们用一个大浴盆，宝宝用一个小的，谁先把自己的浴盆里装满气球，谁就获得胜利。

下面这个游戏特别适合爸爸带宝宝一起练习平衡能力！这个游戏适合两至三岁的幼儿。

亲子游戏

●驾，驾，骑大马！

爸爸趴在地上装作大马，让孩子骑在自己的背上。让孩子抓紧坐稳，“大马”就开始前进了。爸爸开始时要慢慢地向前爬，让宝宝习惯在摇晃前进中掌握平衡。等宝宝能够坐稳以后，就可以加快前进速度，想办法把他从背上颠下来。

孩子们都喜欢飞起来的感觉。飞转也会让孩子体验到不一样的位置和平衡感。下面这个游戏适合三至四岁的孩子。

亲子游戏

●小天使，飞呀飞

用双手牢牢抓住孩子一侧的手腕和脚腕。小心地带着孩子旋转，一边喊“小天使，飞呀飞！”，一边让他体验飞转的感觉。

下述游戏可在锻炼孩子协调能力的同时加强其手臂肌肉，适合四岁以上的儿童。

亲子游戏

●球能飞多高?

所需材料：一张床单，一个中等大小的球。

把球放在床单中央。每人抓住床单的两个角。和孩子同时抬起床单，让球滚到床单中间，然后同时拉紧床单，让绷紧的床单把球弹起来。球落下时再和孩子一起用床单把球接住。

下面，再为大家介绍一个跑跳的游戏，可以在孩子的生日庆祝会上进行。参加游戏的孩子越多，这个游戏就越有意思。这个游戏适合四至五岁的儿童。

亲子游戏

●狮子来了

最好能在草坪上做这个游戏，因为草坪的地面高低不平，还散布着灌木和草丛，这样能更好地锻炼孩子在跑动时的适应性。一个孩子扮演狮子，其他孩子见到狮子就要做出害怕的样子尖叫着跑开。被狮子抓到的小朋友要蹲在地上装死。坚持到最后没被狮子抓住的小朋友下一轮就可以当狮子。如果扮演狮子的小朋友带上自己做的狮子面具，大家会觉得更有意思。这个游戏还可以变成狮子躲起来，大家来抓。小朋友最喜欢在草坪上追逐嬉戏了！

下面这个游戏适合五岁以上的儿童，能够促进灵活性和协调性。

亲子游戏

●扫帚曲棍球

所需材料：四把椅子，一个球或者一个气球，两把不太长、比较轻的扫帚。

拿两把椅子各自放在游戏场地的两端当做球门。每个小朋友拿一把扫帚，然后用扫帚当球棍带球并且射入对方的球门。这个游戏既能锻炼技巧，又能锻炼协调性。

锻炼精细动作的游戏

下面将为大家介绍几个能够促进精细动作的游戏。通过这些游戏，孩子的手眼协调性、抓取、放下以及手指和脚趾的灵活性都能得到提高。每个孩子精细动作的发展速度都有极大的差异，因此，以下这些游戏都没有标出适合年龄。我们只需通过细心观察和尝试确定孩子精细动作的发展程度，再选择适合他们的游戏就可以了。

画画、拼贴、剪纸都是精细动作练习的经典组成部分。

锻炼精细动作和技巧的方法很多，下面的游戏只是我们的一些建议。例如画画就是练习灵活度和手部技巧的好方法。为了让我们的小艺术家认识颜色和形状，我们最开始时可以和他们一起用手脚或印章印出色彩鲜艳、形状清晰的图画。这种方法效果显著，即使还不会画画的宝宝也可以参与游戏。

亲子游戏

●小手小脚一起画

所需材料：水彩颜料，软毛画笔，图画纸，垫毡。

让宝宝挑选自己喜欢的颜色，把颜料涂在宝宝的小手上，把小手按在白色图画纸上几秒钟。再用同样的方法在纸上印上小脚印。然后就轮到宝宝在我们手上和脚上涂颜色了！告诉宝宝，该怎样用画笔蘸水，然后再蘸上颜料。

亲子游戏

●跟我来跳舞

播放一些孩子喜欢的儿歌。家长一边跟着音乐，一边做动作。让孩子跟着音乐模仿自己的动作。动作不要太快，也不要难以保持平衡，要选择孩子比较易于模仿的动作。也可以加大游戏的难度。如在放音乐的时候突然暂停，保持自己正在做的动作或姿势不动（如单腿站立）。我们会发现，对于孩子来说，保持固定姿势不动比模仿动作要难得多。

特别篇

运动教育：大脑聪明身体棒

您见过能乖乖坐住的宝宝吗？

我猜，家长们的答案大概都是“没见过”。这不足为奇，因为只有保证运动，儿童的身体才能健康地发展。身体的锻炼不仅能够促进肌肉、新陈代谢和体态的形成，还能够为成年后的身心健康打下良好的基础。运动是儿童的天性，只有从小养成运动的习惯，我们在成年后才能比较容易克服自己的惰性，保持身体的活力。

运动教育法的宗旨：

利用儿童好动的天性来指导他们进行协调与配合性的运动项目，并通过这类运动促进儿童身体（平衡、体感、活跃性及力量）、专注力、协调性以及社会能力的发展。使用运动教育法能够适应任何年龄儿童的需求。三个月的婴儿就能在游泳时放松身体，感受乐趣。大一点儿（约两岁）的宝宝可以进行有组织的运动课程。最好是由一位有经验的体育老师带年龄相仿的儿童组成一个小组，让他们一起攀登、爬行、匍匐或跑跳。二至六岁的小朋友还可以去参加舞蹈和体操课。

04

第四章

认知能力——开动脑筋做游戏

认识世界

在《睡美人》这篇童话里，国王和王后请来十二位仙女为刚出生的小公主送祝福，她们每人都赠送给小公主一种美好的性格或才华。《睡美人》虽然只是童话，但天下的父母都像国王夫妇一样，希望自己的孩子能够拥有天赋和才华。家长们无不希望自己的孩子能够成为生活中的成功者。不过，孩子是否能够成功掌握并解决特定的问题，要取决于他们感知、记忆、思考、设想及解决问题的能力。这些能力在生命的最初几年中会迅速地发展。幼儿所积累的所有经验，都会帮助他们建立对世界、自我以及他人的认知。作为家长，我们应该在最初的这几年为他们提供适当的机会，促进孩子认知能力的发展。

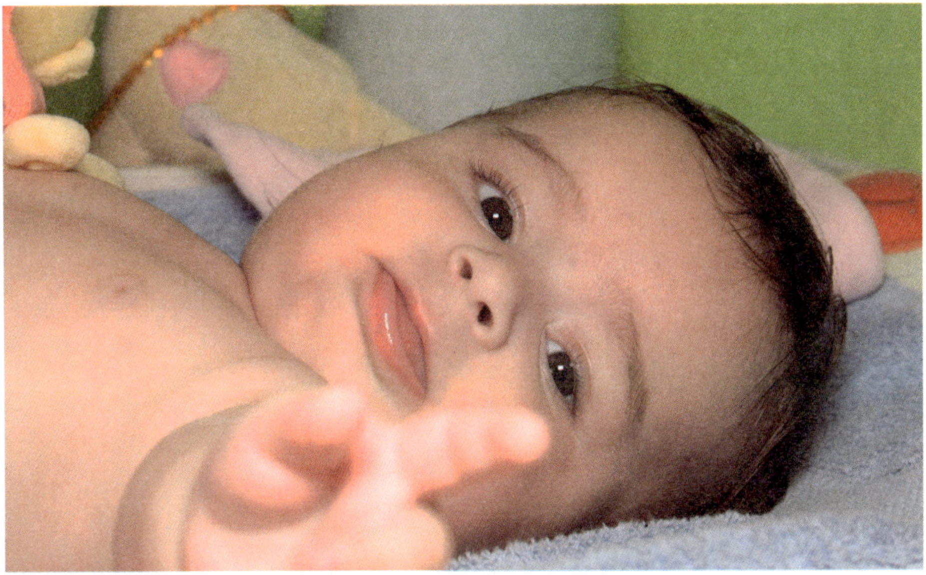

学习始自降生前

早在婴儿呱呱坠地之前，他们就已经具有一定的学习和记忆的基本能力，这就是认知能力的基础。最迟到孕期的后三分之一阶段，胚胎的听力就已经发展到可以感知父母声音的水平。此外，胚胎在妈妈的子宫里也能积累起关于位置、空间与运动的最初经验。

呱呱坠地

刚刚降生到这个世界的时候，婴儿大脑还没有发育完全，具有很强的可塑性。这时，大脑中的神经细胞间只有一些最重要的联系和转换节点。只有当无数的神经细胞建立起纷繁复杂的连接之后，大脑的结构才能完整地建构起来。神经网络运用得越多，它们的连接就越稳定持久。例如，如果我们经常抱着宝宝，让他看我们的脸或者某个色彩鲜艳的玩具，他就能够把这个体验当成一种固定的模式存入大脑，并在此基础上发展出与新经验的连接。

促进发展的好奇心

幼儿能够接受并消化什么样的信息，主要取决于他们的关注行为。系统性的研究已经证实，新生儿对人脸、鲜艳的色彩和简单的几何图形表现出明显的偏好。

思维发展——全面发展中的一环

在出生后的最初几个月里，婴儿认知的发展与感知和运动的发展是密不可分的。宝宝会通过不同的感觉器官去接受周围环境中的信息，然后将这些信息转化为内在模式和图像存储在大脑中。这时的婴儿具有一种内在的原动力，他们会对一切新经验发生兴趣，再将新的体验与已有的模式进行比较。

婴儿会通过这种方式对已有的感知图像不断地进行扩充并细化。此外，我们的小小探索家们还会通过相同的方式感知物体的性状、运动和行为。他们会认真观察，再将所有的信息存储下来。在出生后的第一年里，脑细胞会飞速增长并连接成网，婴儿大脑的重量能够比出生时翻一倍。出生几个月后，婴儿的注意力会明显增强。这时，他们已经能够较长时间地注视并且倾听某一个目标了。婴儿每天都能积累数以千计的全新感受。

思维的重要法则

区分与识别

新生儿只能注意到身边的人与实物的普遍特征。但最初的几周过后，宝宝就会越来越将兴趣转移到他们能够识别的特征上去，例如妈妈的脸。从很早开始，宝宝就能够识别出自己看到的是人的面孔，还能认出这是一张特定的面孔。

空间感和空间思维

宝宝最初的空间感受是通过自身的运动积累起来的。六七个月大的婴儿就能学会独自坐起，而他们的空间经验也会随之发生巨大的变化。当身体直立起来以后，宝宝就会越来越多地将兴趣从妈妈的面孔转移到周围的环境上去。他们会逐渐学会通过位置和空间来区分物体。例如，宝宝能够意识到，脸部一般都在比较高的位置。在这种认知形成的同时，他们还会学到，没有支撑物，物体就会掉落下来。对于孩子来说，这是一种非常重要的经验。他们常常在游戏中乐此不疲地反复尝试这种感受。

征服与探索

四到六个月的婴儿会显示出越来越多的主动性。这时，我们常常会看到宝宝高兴地拨弄着挂在儿童车上的彩色玩具，让它们发出哗啦哗啦的声音。这是因为宝宝发现，周围环境中的某种物体可以造成某些特定的效应。在此之前，宝宝还只能让自己的身体发生一定的变化。例如，他们能够翻身，从仰卧变成俯卧。这种新的技能要通过反复地练习才能掌握。而与此同时，宝宝也会开始尝试，将拨弄玩具所产生的效应举一反三地运用到别的物体上去。

当宝宝认识到自己的行为能够对其他物体产生影响的时候，他们头脑中的因果关系就渐渐形成了。他们会逐渐知道，自己需要做什么才能获得特定的结果。下面这个游戏能明确地向宝宝展示出这种因果关系。

亲子游戏

●开灯与关灯

与宝宝一起观察一个电灯开关，为他演示该怎样开灯或关灯。一边开关，一边说“开灯”“关灯”。现在，让宝宝自己来体验一下，看看按下开关后会有什么结果。鼓励孩子一边按开关，一边说出自己的动作。也可以让宝宝开关广播。声音的一响一停会让宝宝感到更加有趣。

试验与尝试

十二至十八个月的宝宝不仅能够做出有明确目标的连续性动作，还能将习惯性的行为方式进行组合。除此以外，这个月龄的宝宝还渴望在各种不同的领域迈出探索的步伐。他们会主动大胆地尝试各种全新的体验。他们会系统性地对各种行为方式进行试验。例如，宝宝会试着拽桌布，先是轻轻地，然后逐渐加力，最后突然使劲，一边拽，一边观察桌子上的水杯会发生怎样的变化。

客体永存概念

让·皮亚杰指出，婴儿在八个月时会获得一项重要的能力，这种能力在逻辑思维发展的过程中具有里程碑式的意义。皮亚杰将这种能力称为“客体永存”。这个概念的含义为，婴儿能够明白，即使不在自己的视线范围内某一客体（无论人或物）也是确实存在的。这种新的行为方式代表了思维上的巨大进步：因为我们的宝宝第一次将自身与自身以外存在的实物区分开来，认识到除自己以外还存在着其他的角度和空间。

预想能力

大约从十八个月到两岁之间，我们的宝宝还会取得另一项重大的进步。在此之前，孩子都是通过自身的感知和手部的触碰来对事物进行探索。但慢慢地，他们开始拥有了在头脑中设想某种行为的能力。孩子们会在行动前设想一下自己的行为。随着年龄的增长，这种能力会越来越强。例如，孩子一看到沙坑，就会想到我们可以在沙坑里建造沙堡。而建沙堡需要小铲子，所以宝宝就会先跑去把小铲子拿来。这时，我们的孩子已经能够越来越迅速、灵活并且有目的地根据不同的情况作出相应的反应，同时，他们也在逐渐摆脱外部条件对他们的束缚。

知识链接

认知发展研究的先锋

瑞士心理学家让·皮亚杰（1896～1980）开创了认知发展研究的先河。他对自己的孩子进行了全面、系统的观察，积累了丰富的经验。通过研究，他指出，儿童会在好奇心的驱使下主动与环境发生互动。他们正是通过这种方式逐渐扩充并完善自己对真实世界的知识和认知的。虽然最新的科学理论对皮亚杰的理论也提出了诸多质疑，但他的理论至今为儿童心理学实践提供了重要的认知基础。

象征性思维

预想能力大约会在一岁半到两岁之间形成。这种能力为象征性思维发展提供了前提。从两岁到四岁，幼儿的象征性思维会不断发展并细化。即使某种事物不在眼前，这个年龄的孩子也能够渐渐地通过图片、象征性的符号甚至语言符号在脑海中形成相应的形象。这种能力为我们的小小思想家开辟了更加广阔的天地。这时，他们已经能够观察成人的一举一动，并且在日后对其进行模仿。例如，三岁的宝宝可能会学着妈妈的样子温柔地抚摸并轻声安慰哭闹的小妹妹。他们还可能在玩毛绒玩具或布娃娃的时候模仿经常看到的大人的举动。以下这个游戏能够促进幼儿的形状认知能力、手眼协调性以及空间想象力，这个游戏适合两岁以上的幼儿。

知识链接

预想能力

用某种特定的实物象征另一种事物，这种能力在儿童的游戏中起到了重要的作用。当孩子把一块积木当作小汽车时，他的头脑中既要设想出一辆不在眼前的小汽车，又要知道小汽车是做什么用的。

亲子游戏

●套套盒

所需材料：三四个没有盖子，大小不同的鞋盒。鞋盒不要过大，要让孩子能够随意拿动。

把鞋盒按照大小套在一起，最大的在外边，最小的在最里边。让孩子自己按顺序把鞋盒取出，然后再按原样将鞋盒套好。

学龄前儿童需要掌握的能力

四至六岁的儿童是不折不扣的小机灵鬼，他们完全能够聪明、灵活地见机行事。不过，即使如此，他们仍需面临各种各样的待克服的挑战。皮亚杰用科学的方法对此进行了实验：

皮亚杰分别准备了形状矮胖和瘦高的两个玻璃瓶。他先往矮胖的玻璃瓶中倒水，然后再将矮胖瓶子中的水倒入瘦高的瓶子里。由于看到瘦高瓶中的水位较高，五岁的小朋友就会认为这个瓶中的水量比矮胖瓶中的多。直到七八岁，儿童才能判断出两个瓶中的水量相等，因为他们这时才懂得不仅仅通过水位来判断水量的多少。学龄前儿童思维的最大特点在于，他们在大脑中存储的信息仍然是根据真实、形象的经验所得来的。他们还不能从容地驾驭并使用大脑中存储的感知和行为模式。因此，他们虽然看到了水从矮胖水瓶中注入了瘦高水瓶，但在头脑中却无法将这一过程进行逆向还原。只有年龄大一些，思维发展更进一步的儿童才能认识到其中的逻辑关系，从而知道，同样的水注入另一个容器的时候并不会增加。学龄前儿童思维的另一个特点是，他们常常会将自己学到的规则原封不动地运用到不同的事物或行为中去。例如，他们会认为树、风或太阳也有感觉，目的或愿望，因为他们自己有这样的感受。他们还会认为所有的东西都是能够制作或制造出来的。例如，小朋友会认为，月亮是吹起的气球，是别人挂在天上的。

玩游戏，变聪明

游戏是孩子发现并了解世界的最佳途径。孩子们不仅能从游戏中获得快乐，尽情发挥自己的好奇心和探索欲，同时还能锻炼注意力、专注力和记忆力。下面将要为大家介绍的游戏能够促进幼儿早期的思维发展。其实，我们在关注孩子，与他们共同游戏，为他们讲解游戏规则的同时，也是在帮助他们探索世界，发展创造力并勇于尝试新的行为。

亲子游戏

● 卷曲的蒲公英

摘几朵蒲公英花，将花头吹散，只留下花茎。将花茎两头各撕开两三个小口，再把它们放到一个装满水的碗里。与孩子一起仔细观察。我们可以看到，一两分钟之后，花茎就会卷曲起来。

这个游戏适合四至五岁的儿童。

下面这个数数儿歌能够提高孩子对数字和数量的理解力。我们可以给孩子唱各种有趣的数数儿歌。如果有几个同龄的小伙伴一起玩耍，就可以念着儿歌为小朋友点数。儿歌结束时点到的小朋友可以在下一轮中负责点数，也可以唱一个新的数数儿歌，还可以念着儿歌数自己的手指头。

下面介绍的游戏适合五岁以上的儿童，它能够锻炼孩子的专注力、记忆力及语言描述能力。

亲子游戏

●数数儿歌

1，2，3，4，5，6，7，我的朋友在哪里？

7，6，5，4，3，2，1，朋友都幼儿园里。

幼儿园，朋友多，我的朋友就是你！

好朋友，说一说，你的年龄排第几？

（按照孩子的年龄顺序点数）

下面介绍的游戏适合五岁以上的儿童，它能够锻炼孩子的专注力、记忆力及语言描述能力。

亲子游戏

●快来收拾旅行箱

做游戏时假装要到海边去度假。和孩子一起想一想，旅行箱里都要带什么东西？一个小朋友先说："快来收拾旅行箱，我要带件小睡衣。"第二个小朋友要先把上一个孩子说的话重复一遍，再加上自己想带的东西："快来收拾旅行箱，我要带件小睡衣，还要带上小牙刷。"第三个孩子重复前边的话，再加上第三件东西。以此类推，直到孩子们不能完全复述或记错顺序为止。

亲子游戏

●猜猜是什么？

所需材料：印有静物、动物或人物的图片、明信片或照片，几张白纸。

让孩子闭上眼睛。把一张图片放到桌子上，用白纸盖住图片，只露出图片上的一小部分。让孩子根据露出的部分猜猜图片上的图案是什么。如果孩子不能立即猜到，就一点一点地减少遮盖的部分。每猜出一个图案就给孩子记一分或发一块糖果。

上面介绍的这个游戏能够锻炼孩子的专注力和区分能力。这个游戏适合三至四岁的幼儿。

宝宝从两岁开始就喜欢玩“过家家”的游戏了。他们会拿着一个空空的玩具小盘子津津有味地“吃饭”。这类游戏能够锻炼宝宝的想象力以及表现特定事物、做出代表性动作的能力。下面我们就为大家介绍一个“过家家”游戏。这个游戏适合三岁以上的孩子玩。参加游戏的小朋友越多越有意思。

亲子游戏

●我是什么人?

参加游戏的孩子要通过无声的表演猜出不同的职业。如果想不出代表性的手部或身体动作，也可以发出有代表性的声音，但一定不能说话！可以先用数数儿歌点出一个孩子，由他开始游戏。谁先猜出表演的职业，就可以上去表演下一个职业。

05

第五章

语言——交流的桥梁

一岁以内的语言发展

试想，如果忽然失去了语言能力，我们会感到多么束手无策，又是多么孤单啊！

语言是人类相互理解、相互交流的重要工具。通过语言，我们不仅能够表达自己的感受和情绪，说明自身的需求和愿望，还能与其他人建立联系。语言能力的发展与其他方面的发展密不可分。它是记忆力和思维能力发展的必要基础。

人类天生具有发展语言的能力。远在说出第一个词之前，宝宝就已经通过与环境的互动为说话打下了基础。宝宝最初的发音和叫声只能笼统地表明自己感到不舒服。用不了多久，婴儿就会越来越有目的地用声音来“呼唤”自己的主要监护人了。爸爸妈妈通常能够通过宝宝发出的不同声音来判断他的需求。虽然这时宝宝发出的声音与真正的语言还相去甚远，但他们已经能够通过这种方式向周围的人传达信息了。

另外，婴儿在哭叫的同时还锻炼了呼吸和发音。这两种功能对日后的语言发展具有至关重要的作用。大约从两个月起，婴儿就能开始发出咿咿呀呀的声音了。这是语言发展过程中的第一步。在这一阶段里，婴儿的语言器官，如面部肌肉、舌头、嘴唇、喉头及呼吸系统会得到进一步的加强和练习。

六到九个月的宝宝已经能够直立坐起，他们的视野比原来开阔多了。他们能够用手去探索世界，还会把手中的东西往嘴里塞。

这样，婴儿就能学会一边咀嚼，一边控制舌头的活动与呼吸。这个阶段的婴儿已经开始能够发出一些含糊不清的语音了。通过“mama”“baba”这类简单的音阶，婴儿在不断地试验着自己的声音。大约从九个月起，大部分宝宝就会开始在行动的时候辅以一定的象声词。比如他们会在推动小汽车的时候发出“呜呜”的声音。

幼儿早期的语言理解力发展得非常迅速，因为这种能力与其自身的直接经验密切相关。大约在宝宝庆祝一岁生日的时候，说话所需的运动机能方面的前提就已经发展得比较全面了。这时的宝宝大多已经会说一些简单的词语了。孩子最早会说的词语一般都是“妈妈”“爸爸”。大部分家长都会焦急地关注自己的孩子是否能够在一岁左右时开始说话，如果宝宝在这方面没有取得明显的进步，家长就会感到忐忑不安。

这种担心其实是没有必要的：较迟开始说话的孩子往往能够获得较快的进步，最终与其他孩子达到同一水平。

知识链接

语言与互动

语言的发展并不是孤立的。它时时刻刻与感知、运动、思维及社会能力的发展过程相互促进，相互影响。

亲子游戏

●肚肚在哪儿?

让宝宝躺在床上。给他换好尿裤之后，一边笑眯眯地看着宝宝，一边掀起他的小衣服问：“宝宝的肚肚在哪儿？”说话的时候要饱含情绪。很快，宝宝就会高兴得手足舞蹈地等着我们在他的小肚皮上挠痒痒了。

实用小贴士

●小小谈伴

家长与孩子之间最初的“谈话”是至关重要的。我们应该积极地和宝宝对话，给宝宝留出足够的时间，让他们能够从容地“把话说完”，并对我们所说的内容做出反应。与孩子的“小对话”不仅常常给我们带来惊喜，还能令亲子关系更加巩固与亲密。最初的经验越丰富，孩子就越有信心和热情克服语言学习过程中遇到的挑战。

如果家长总能对孩子发出的声音做出及时的反应，孩子语言的进一步发展就会得到有利地促进。我们应该尽量利用日常生活中的情景，与孩子进行轻松愉快地对话。通过身体接触、对话和动作，孩子就会了解到，语言和对话能够带来积极的感受。这样，他们就会获得积极参与对话的动力。

下面这个游戏能将运动、节奏和语言结合起来。本游戏适合六个月以上的宝宝。

亲子游戏

●骑大马

让宝宝坐在我们的大腿上。双手从腋下抱住宝宝的身体，将宝宝的身体扶稳。一边颤动双腿，模仿骑大马的感觉，一边唱儿歌：

“驾，驾，驾，骑大马。宝宝骑到哪儿？骑到磨坊去，就把……（此处说宝宝的名字）放下！”

在说最后一句的时候，小心地让孩子倒在我们的怀里。

另一首骑马儿歌是：

“驾，驾，驾，骑大马。一下掉下来，摔个大马趴。掉到深沟里，乌鸦叫呱呱；掉到小河里，衣服湿嗒嗒！”

在说最后一个词“湿嗒嗒”的时候，我们可以加重语气，让孩子轻轻地倒在我们的怀里。大多数宝宝都特别喜欢这个骑大马的游戏！

还有一首骑马儿歌：

“驾，驾，驾，骑大马。大马快快跑，呱嗒，呱嗒嗒。骑马过小山，骑马过河滩，千万要坐稳，别把腿摔断。大马快快跑，呱嗒，呱嗒嗒！”

语言学习的一个重要前提是尽早培养孩子的听力。我们可以利用各种能够发出声响的东西让孩子快乐地练习听力，比如玩具钟、闹钟或日常生活中其他类似的东西。

从第一个词到第一句话

单字句

在一到两岁之间，孩子渐渐开始积累自己的词汇量了。这一发展阶段最明显的标志就是“单字句”，即用字或词表达一句话的意思。这时，我们往往要在相应的场景中才能明白宝宝想要表达的意思。宝宝这时的发音还比较含混，而且他们使用的概念含义非常宽泛。例如，如果宝宝发出“咕咕”的声音，他指的可能是小鸡，也可能是小鸭或小鸟。

不过，这个年龄的幼儿已经具备了比较强的语言理解力，他们能够区分并理解大部分常用的简单词汇和诸如“把这个勺子给我！”这类简单的命令句。在这一发展阶段中，家长应该对孩子所说的话做出及时的反应。这对本阶段的语言发展起到了关键的作用。

如果我们能够同时刺激多种感官，学习的效果就会非常明显。我们在此为大家介绍一个能够促进语言发展的小游戏。这个游戏能把语言和触摸动作结合起来，受到小朋友的广泛喜爱。

实用小贴士

●语言反馈

一定要用语言对宝宝做出反馈！假如宝宝想问安抚奶嘴在哪里，他可能会发出“奶奶？”的声音。这时，我们应该对宝宝说：“对呀，你的安抚奶嘴在哪儿呀？”如果宝宝说：“车车。”我们就应该予以肯定：“对，这是一辆小汽车。”这样，宝宝就会照着我们的样子学习怎样扩充句子及正确发音。同时，我们也通过这种方式对宝宝进行了鼓励。宝宝能够看出，他们的努力获得了我们的注意。这样，他们就会感到，用语言与别人进行交流是一件愉快的事情。

亲子游戏

●小孩小孩上楼梯……

用两个手指沿着孩子的胳膊交替向上弹触。“走到”耳朵的时候按一按“门铃”，发出“叮咚”的声音，再用手敲敲宝宝的脑门，最后轻轻捏住他的小鼻子。一边做动作，一边念儿歌：

“小孩小孩上楼梯。门铃叮铃铃，敲门咚咚咚。快快打开门，我的小尖鼻！”

身体经验与节奏的结合也能促进孩子的语感发展。

孩子对哪个方面感兴趣，这方面的词汇量就增长得最快。例如，大多数孩子都能说出很多交通工具和动物的名称。一岁半的宝宝一般能够掌握25个单词。不过，我们在上文提到过，文中给出的仅仅是一个参考数值，并不是绝对的衡量标准。

亲子游戏

●**面包师傅烤蛋糕**

一边拍手一边和孩子一起唱儿歌：

“面包师傅烤蛋糕，烤完还得亲手教。谁要烤出好蛋糕，必须做到七大条：鸡蛋黄油不可少，还要盐把奶油调，牛奶面粉调味料，缺一蛋糕做不好。推进烤炉用火烤，馋得宝宝肚子叫！”

词汇连接

大约从一岁半到两岁之间，宝宝开始能够将两三个词连接成句了。他们会说类似于“果酱要”或“妈妈走”这样的句子。这些最初像电报一样的短句会渐渐地变得越来越长，宝宝也会把每个词的发音说得越来越清楚。在这个过程中，想要促进宝宝语言的发展，最好的办法就是尽量跟他们说话。日常生活中所有的共同经历都可以当作我们的谈话内容。如果我们能把孩子所说的单词句这类表述不完整的句子补充完整，就会对他们的语言发展起到更大的促进作用。这种方式能使小朋友的词汇量得到迅速的扩充。在这一发展阶段中，我们也可以通过游戏来锻炼孩子的语言能力。我们可以用毛巾把一些常见的物品盖起来，让宝宝自己揭开毛巾，说出这些物品的名字。常常做这个游戏的宝宝很快就能开始使用这些概念性的词汇了。

第一个问题

孩子的第一次提问一般也会出现在这个年龄段里。他们会通过提问了解身边事物的名称，并借此扩充自己的词汇量。他们常常会问：“是这个吗？”当孩子看到或摸到某种事物时，他们需要反复听到它的名字，再将其储存在自己的大脑中。他们的经历越丰富，反复的次数越多，孩子的语言表达能力发展得就越好。两岁幼儿的词汇量已经能够达到250个。

在词汇量增加的同时，一岁半到两岁幼儿的语言理解力也会获得明显的进步。

这个年龄阶段的幼儿能够听懂的东西远远多于他们能够说出的。例如，当我们说“去把你的夹克拿来！”时，这个命令并非与眼前的情况直接相关。但我们仍然可以看到，孩子能够对这类命令和相似的小问题做出回应。

亲子游戏

●语言与感受

当一个词与情绪或直接感受关联起来时，儿童通常能够记得更牢。我们可以找一些不同的物品，将每种物品的特征用一个概念描述出来。例如，一边让孩子摸海绵，一边说“柔软”这个词；一边把孩子的手放入温水中，一边说“温暖”。这种直观的体验非常利于宝宝对语言的学习和理解。两岁半的幼儿就能做这个锻炼了。

用语言探索世界

万物有其名

在两岁到三岁期间，幼儿的语言能力会获得明显的进步。不过，这个年龄的孩子还不能清晰无误地发出每一个语音，遇到比较难的发音时，他们常常会省略过去，或用比较简单的发音进行替代。在这个阶段中，孩子的词汇量会发生突飞猛进的增长。如果他们不知道一个物体的名字，他们甚至还能用已知的词汇拼凑出新的概念来。例如，他们会把“梳”和“头发”凑成“头发梳”来表示“梳子”。

这个年龄阶段的孩子总在兴致勃勃地认识并探索世界。他们会对身边发生的一切事情产生兴趣，最喜欢关注细节与事物间的关联。这时，为这些小观察家们解释周围的现象，能够很好地帮助并促进他们思维及语言能力的发展。在为孩子讲解的时候，我们应该尽量用简单易用的句子。在与孩子讲话的时候，看着孩子的眼睛。眼神交流是非常重要的。当孩子提问或试着独立讲述的时候，我们应该认真倾听。即使孩子需要很长时间才能找到正确的表达方法，我们也不应该打断他们。

这时，我们的孩子已经不止能够说出两三个词组成的句子了。他们可以渐渐地组织起更加复杂的句式。他们不断地学习用词汇和语言来描述人、物品及事件之间的关联。掌握了这种新的能力，他们在游戏中就能够按顺序描述出不同的行动步骤。例如，我们在游戏时先把木块放到玩具卡车上，再开往“工地”，然后开始“盖大楼”。过去，孩子在玩的时候只会模仿相应的声音。但现在他们已经能用词汇来表达了。同时，他们也会越来越频繁地对事物进行设想、计划与改变。

知识链接

认识自我

在两岁半到三岁之间，孩子还会在发展过程中迈出重大的一步。他们将不再用名字来称呼自己。当他们说到自己时，会开始使用“我”这个代词。这种转变标志着孩子个性的建立，是心理成熟过程中的关键性进步。

词汇集合

随着表达能力的增强，孩子们相互交往的可能性也随之增大了。

这就为孩子们一起玩耍创造了前提。在谈到简单事物的时候，这个年龄的孩子还能够判断自己听到的话是否有意义或是否真实，并且做出相应的反应。例如，他们会点头或者摇头。更重要的是，他们开始认识已知词汇间的关联。我们可以通过手指游戏培养孩子的这种能力。

亲子游戏

●拇指歌

一边让孩子按顺序伸出手指，一边念下面的儿歌。如果孩子已经玩过这个游戏，我们就可以在说出手指名称（如拇指）前等一等，让孩子和我们一起或独自说完儿歌。

“我的大拇哥，力大能推车。车上放果果，推回家里了。宝宝乐呵呵，快来吃果果。”

能说会道的小朋友

三到四岁的孩子已经能够真正地与人对话了。随着思维和记忆力的进一步发展，孩子已经能够回忆起昨天在幼儿园做了什么游戏了。在这个发展阶段中，孩子对母语语法的掌握也越来越娴熟。他们已经能够将词语按照正确的语序排列成句，还能说出带有主句和从句的复杂句式，如“明天从幼儿园回来以后，我要去找安娜玩”。他们还会逐渐掌握不规则动词的正确用法。三四岁的孩子已经能将大部分的发音咬准，别人也能听懂他们说的话了。不过，他们在说“zh”“ch”“sh”“r”或比较复杂的语音时还会感到困难。除了在语音和语法上的进步以外，在这一年中，孩子的词汇量也会不断扩充。他们已经能够表达情感，使用一些抽象的概念，并且学会表示时间和数量了。

打破砂锅问到底

这个年龄段的孩子总有层出不穷的问题，真可谓是“打破砂锅问到底”。孩子没完没了地提问虽然有时很烦人，但我们仍要保持耐心。通过这种方式，孩子才能尽可能多地了解周围的世界，将他们遇到并感兴趣的所有概念积累到自己的词典中去。

我们应该抽出时间，耐心地解答孩子的问题。在为孩子讲解时最好能够使用丰富的语言，在描述事物时使用各种不同的概念或词汇。例如，除了“好吃”以外，我们也可以使用“可口”“美味”或“香浓”等词语来描述某种食物。

在游戏中扩充词汇

下面这个游戏可以让孩子在说出某种物体的同时体验到触摸它的感觉。

亲子游戏

●神奇的聚宝盆

所需材料：一个盒子（如鞋盒），一条彩色毛巾，不同物品以供触摸（如羽毛、核桃、气球、肥皂等）。

告诉孩子，这是一个神奇的聚宝盆，里面总会冒出各种新鲜的东西。背着孩子将物品放入盒子，用彩色毛巾把盒子盖住。与孩子一起念：“聚宝盆快显灵！”然后，让孩子把手伸到毛巾下边去摸盒子里的东西，一边摸，一边猜自己摸到的是什么。如果孩子不能马上摸出来，我们可以从旁帮助。问他们这件物品的性状和特点，如：你摸到的东西是硬是软？这个游戏可以帮助孩子一对一地练习物品名称及描述特征的词汇。

亲子游戏

●绿色，绿色，我的衣服

所需材料：可以和孩子一起准备或画出一个穿绿衣服的猎人，穿白大褂的医生，一个穿蓝衣服的工人，一个黄色的太阳，一个红色的西红柿等等。

让孩子选出一张图片，再用下面的儿歌把图片上的物体或人物的名称、职业及颜色唱出来。

“绿色，绿色，我的衣服；绿色，绿色，我的东西；绿色，绿色，我喜欢的颜色，因为宝贝是猎人。

白色，白色，我的衣服……因为宝贝是医生。”

孩子都喜欢和大人打电话。我们可以用玩具电话模拟打电话的场景。如果没有玩具电话，我们也可以用遥控器或其他东西放到耳边充当电话。孩子一样会兴致勃勃地跟我们一起游戏。

下面这个游戏孩子都会喜欢，因为他们终于可以像大人一样打电话了。

亲子游戏

●喂，喂，打电话

假装在玩具电话上拨一个号码，大声把号码说出来，然后模仿电话的铃声。让孩子拿起听筒放在耳边，现在我们就可以开始对话了：“喂，喂？”

细节练习阶段

四至五岁的幼儿基本上已经能准确无误地掌握所有的发音了。不过，也有少数孩子直到换牙前都不能准确地发出“s”“sh”这两个音。这个年龄的孩子几乎已经掌握了语法和句式的顺序，他们能够从容地将不同的主句和从句组合在一起。四五岁的孩子能够用流畅正确的语言讲述自己的经历。他们说话时只会偶尔出现一些小小的错误。

除此以外，他们不仅越来越喜欢听较长的故事，还能理解其中所讲的内容。在讲述自己经历的时候，他们也能有条理地说出前因后果了。

这个年龄的孩子会提出更多的问题。这是他们了解概念、扩充词汇的方式。同时，他们也能开始理解并且学习正确运用“上、下、前、后”这些指示方向的抽象概念了。这时，孩子的被动词汇量远远大于主动词汇量。也就是说，很多话孩子都能听懂，自己却表达不出来。

五岁以后，孩子的语言和表达能力会继续发展。他们会学习如何理解并回答复杂的问题，如何讲述故事以及在对话时适应对方的节奏。他们在复杂的发音、句子结构和语法上犯的错误会越少。好的语言理解力和区分细致的词汇储备能够帮助孩子们更好地理解及学习事物之间的抽象联系。总而言之，孩子的语言能力发展得越好，他们就越能适应学校的要求。

知识链接

口吃的心理因素

处在这个年龄阶段时，儿童思考的速度要快于他们的语言表达。因此，他们在说话的时候有时会出现口吃的情况。孩子会将一个音节重复几遍。这种口吃被称为“心理性口吃”，它和真正的口吃没有关联。在两岁半至五岁的孩子中，心理性口吃的情况常常出现，家长无需为此担忧。如果家长不确定自己的孩子具体是哪种情况，可以去询问儿科医生，他们能够介绍矫正语言的专家，我们可以带孩子到那里去检查。

语言游戏

到四五岁时，幼儿在语言发展方面已经获得了长足的进步。他们已经将大部分的语言规则消化吸收，并且能够主动地运用。在具备了这样的基础后，孩子们就可以创造性地运用语言并使用语言做游戏了。

亲子游戏

●押韵的名字

和孩子一起用名字想出押韵的句子。如果参加游戏的孩子比较多，就可以直接使用孩子们的名字。或者也可以用幼儿园老师、朋友、爷爷奶奶、邻居或其他熟人的名字。我们可以教孩子这样押韵：“步步——特别酷，萱萱——转圈圈……”

下面这个游戏能够促进孩子语言的创造力和想象力。

亲子游戏

●手偶游戏

所需材料：各种手套布偶（如小丑、鳄鱼等）。如果没有手偶，也可以在手上套两层袜子，用彩色马克笔在袜子上画出人物的脸部。

与孩子一起演布偶戏，分别扮演各自所戴布偶的角色。表演的时候我们要发挥想象力，编出内容丰富有趣的对话和情节，让孩子练习为不同的角色设计相应的语言。

特别篇

语言教育：对话联结我和你

试想，我们来到了一个陌生的星球，想和当地的居民进行交流，语言障碍会成为我们面临的最大挑战。同样，新出生的婴儿也是如此。在学会说话之前，宝宝必须首先学会倾听，发出声音，然后才能咿咿呀呀地说出话来。经验教育学指出，幼儿在这一过程中会不断遇到新的情况和挑战。

为了让孩子自信地学习语言，保持热情和勇气，家长们不仅需要极大的耐心，还要经常对孩子进行鼓励。如果家长能在日常生活中尽量对孩子说话，孩子就能学得更加轻松。无论宝宝多大，我们都应该尽可能多地与他们谈话。在三岁以前，我们在对孩子说话的时候应该尽量放慢速度，提高音调，这样便于幼儿更好地感知我们所说的语言。幼儿天生具有充足的学习欲。一般情况下，孩子都能毫无困难地学会说话。

比纠正孩子语言中的错误更重要的是，父母应该用清晰、完整的语言为孩子树立良好的榜样，并且对孩子进行鼓励。

在进行语言教育时，我们应该充满爱心地纠正孩子的错误，而不是责备孩子，打击他们的积极性。例如，当宝宝说“我的扎子”时，我们应该用温和的声音告诉宝宝：“对，我也有一把叉子。”

06

第六章

社交能力——找呀找呀找朋友

社交能力从小练

父母都希望把最好的给孩子。他们希望孩子长大后能受人欢迎，被人认可，希望他们可以找到朋友、维系友谊，还希望他们在日后的职场生活中能与同事及上司和睦相处。然而，这些愿望能否实现在很大程度上取决于孩子的社交行为。

社交能力是在成长过程中一点一点培养出来的。我们所指的“社交行为”通常是通过表情、动作以及所有的语言和行为来获得他人的接纳与环境的反馈，例如和别人交朋友并长时间地保持友谊。社交行为不仅可以通过语言，也可以通过眼神和触摸来实现。此外，这种能力还能帮助我们从他人那里获得或为他人提供情感上的照顾与帮助。

对幼儿来说，社交能力的发展主要是指对家庭、邻里关系以及幼儿园生活的熟悉与适应。在这种相对安全的环境中，孩子们可以学到最常用的交往模式和机制。这样，他们日后就能在工作和生活中自如地运用所学到的能力去建立各种关系。然而，要想让孩子获得这种生活必备的技能，就要以爱心和包容为基础。只有这样，孩子才能将人际交往中繁杂的规则转化为自身的能力。

早期的亲子互动

孩子天生就具有社会性。也就是说，他们都具有进行社交的能力，而父母与孩子之间的相互关系，也就是我们常说的“亲子互动”，则是开发孩子社交能力的早期基础。近几十年来，亲子互动的研究显示，孩子乐于积极参与亲子互动。在互动过程中，父母和孩子的交流不仅限于父母单方面，而是相互的。尽管婴儿还不能说话，他们的肢体及智力也没有发展健全，但他们已经能够通过发信号来表达内心状态或传递要求和信息了。这样，宝宝们就可以主动开始或中断交流，并以此调节和父母的互动关系。

社交能力形成的基础

新生儿天生就与其成年监护人具有一定的社会关系。例如，婴儿一出生就对人类，尤其是自己母亲的脸庞、声音和气味有着特殊的偏爱。同时，婴儿在外表上会呈现出一系列特征：大脑袋，鼓鼓的额头，大大的眼睛，小而翘的鼻子，红红的小脸儿和胖乎乎的身体。这些特征被行为学家康拉德·劳伦兹称为“婴儿模式”，它能唤起成年人的保护本能以及亲近的愿望。除此之外，婴儿还有一些独特的行为方式，比如凝视或微笑。出生六周以后，宝宝就会用这种行动来迎接妈妈的出现了。还有哭声，刚开始时只是为了表达不适，但不久以后，婴儿就会有意识地用哭声来吸引父母的亲近了。成年人会不自觉地受到“婴儿模式”的吸引，表现出亲近、呵护等一系列只有面对小宝宝时才会展现出来的特有行为。例如，面向宝宝，以夸张有趣的方式做出宝宝喜欢看的表情；与宝宝凝视，看着他微笑；抚摸宝宝，用拉长的高音慢慢地对宝宝说话等等。不过，这种天生的特点只是共同社会生活的基础，具体的亲子关系以及由此产生的联系则要由父母和宝宝共同来构建。

我们应该注意，只有无微不至的悉心照料才能让宝宝对他人形成一种原始信任，这将成为他们日后建立各种关系的基础。

良好亲子关系的特征

宝宝的主要监护人会满足他的基本需求，接触他的身体，与他建立亲密的关系并进行社会交流。通过与主要监护人的互动，孩子能够学到人与人之间该怎样产生及保持联系。

建立健康有益的亲子关系不能一蹴而就，它更多地取决于我们对待孩子的基本态度。特别是在刚出生的头几个月里，爸爸妈妈务必要在宝宝哭的时候及时做出可靠的反应。当然，这并不是说孩子一哭就要把他从小床里抱出来。有时我们只需表明“妈妈在身边，随时可以给你安慰”就行了。只有从小在需要的时候就能感受到爱与关怀，孩子才会在以后的生活中用相同的方式对待他人。要想让宝宝积极参与亲子交流，我们就要试着仔细观察他们的行为和他们对他人行为的反应。只有这样，我们才能做出恰当的回应。例如，如果我们突然使劲盯着宝宝的眼睛看，宝宝可能会把目光移开或者闭上眼睛，用他全身的姿态来告诉我们，他不喜欢我们这样做。

大多数父母都能凭直觉注意并理解宝宝传递的信号。爸爸妈妈在逗孩子玩儿时会随时掌握节奏，注意休息与停顿。在休息时，父母会通过温柔的对话和爱抚安慰宝宝，帮助他们恢复内心脆弱的平衡。这样，家长和宝宝很早就能建立起一种特别而又平等的亲子互动模式。

如果宝宝反复经历上述体验，他就会认识到：“我不是孤单的，我的身边总会有人帮助我；当我害怕的时候，妈妈会来安慰我！”这样，他以后就会有足够的勇气去冒险、去探索。这种认知能为宝宝各领域的完美发展奠定坚实的基础。

知识链接

察言观色

主要监护人和宝宝的关系是否亲密健康，在很大程度上取决于他们能否及时察觉宝宝的需求，并迅速做出相应的反应。

亲子游戏

●挠 痒 痒

这个简单的小游戏既能给您和宝宝带来乐趣，又可以促进宝宝对相互反应的注意力。这个游戏最好在宝宝洗完澡，光着身子舒服地躺在床上的时候进行。如果妈妈的头发够长，就可以用头发来给孩子挠痒痒。如果不是长发也没关系，我们可以用羽毛或者毛绒玩具来代替。我们可以在宝宝的肚皮、脸蛋儿、手脚或不同部位挠痒痒，但在每次"挠痒攻击"之间都要留点儿间隔时间。挠痒的时候，最好给宝宝制造些紧张气氛，比如慢慢挑起眉毛，睁大眼睛，张大嘴巴，慢慢提高音量说："我——要——挠——痒——痒——啦！"一边说一边观察，宝宝对这种"问候式表情"如何反应。如果他表现得很开心，我们就可以加快节奏。如果宝宝避开了，我们就得让他休息一下了。

亲子游戏

●谁要抱抱？

在孩子前面快走几步，转过身来面对宝宝，张开双臂大声说："有没有人要抱抱啊？"宝宝跑到我们跟前后，抱起他转两三个圈儿。他肯定会高兴得笑起来！转完后再把这个小家伙放下来，重复游戏。这个游戏适用于一岁以上的孩子。

学会控制情绪

不到一岁的孩子很难直接感知自己的情绪。不过，这个年龄的幼儿能够通过和父母的互动积累很多情感体验。这些体验可以帮助他们在以后的日子里慢慢学会更好地去调节情绪，如控制恐惧或者愤怒的情绪等等。控制情绪是人际交往中很重要的一项能力。然而，学习控制情绪的过程却并不轻松。在这一学习过程中，游戏恰好能够为孩子提供认识情绪种类的机会。此外，孩子也会在游戏中遇到不同性格的小伙伴。他们可以在游戏过程中学会尊重并欣赏自己的伙伴。

移情能力和对他人的理解

要到两岁以后，幼儿才能逐渐意识到，原来自己的感觉与别人的感觉可能不同。如果看到别的小朋友在哭，这个年龄阶段的幼儿已经能够理解那个孩子的悲伤，还会试着去安慰他。孩子在这一阶段的智力及语言发育已经得到了长足的进步，他们可以回忆并描述特定场景，然后从他自己经历过的感觉中挑出与这一场景相吻合的感受。这便是移情能力的最初表现形式。在以后的几年里，这种感知别人忧愁、害怕等情绪的移情能力还会逐渐增强。

从两岁左右起，我们就可以有意识地让孩子去和别的小朋友玩耍了。我们只需为他们准备足够的玩具，比如让小朋友们一起玩拼图。在玩这类游戏的时候，只要稍加引导，孩子就能了解到该如何与他人合作共同完成一项工作。他们还会明白，与人合作往往能够事半功倍。通过观察并模仿成人的行为，孩子会在与人合作时变得越来越得心应手。当孩子懂得和别的小朋友分享玩具或者友好地照料更小的宝宝时，就会得到父母的表扬。

在过家家游戏中，孩子会模仿自己从成人世界里学到的社交行为。成年人是孩子学习的榜样。如果您希望孩子养成某种行为习惯，那么最好的办法就是以身作则。

下面这个游戏会让孩子把玩具娃娃当作宝宝，自己扮演爸爸妈妈，像父母平时照顾自己一样地照顾它。这个游戏适合两岁以上的幼儿。

亲子游戏

●娃娃洗澡

所需材料：防水娃娃，大塑料碗（当作浴盆），温水，浴巾，香皂，手帕。

在碗里倒一些温水，孩子肯定会喜欢玩水。玩具宝宝的“妈妈”“爸爸”得先给玩具娃娃脱衣服，脱好衣服之后就可以在大碗里开始洗澡了。父母可以告诉孩子，如果小娃娃因为怕水或不想从水里出来而哇哇大哭，我们可以一边轻轻地抚摸娃娃一边安慰它。洗完澡后要马上把玩具娃娃擦干，给它穿上衣服。这样它就会感到温暖，不会着凉了。

我是我，你是你

自我意识的形成

随着年龄的增长，孩子逐渐会形成自己作为单独个体的感觉。他们会意识到自己是一个生活在环境之中的独立个体，同时又通过环境来积累新经验，了解事物的意义。

一般情况下，孩子大约在过完三岁生日之后便会开始用第一人称“我”来描述自己了。他们用语言表明，自己的心理发展上升到了一个新的阶段。与此同时，他们必须学习把自己与他人区分清楚。在这个阶段中，我们可能会经常听到孩子大叫：“这是我的！”这些贪心的小家伙们想把所有可以拥有的东西都纳入麾下，以此来强化他们新形成的自我意识。他们不会在意别的小伙伴也有相同的需求。因此，这个年龄的孩子常常会在游乐场、幼儿园或兄弟姐妹之间因为归属问题而发生争吵和冲突。不过，我们的小人儿早晚得学会，不是世界上的所有东西都是他的。

实用小贴士

● **学会分享**

要学会分享可不简单！小孩子有时候相当以自我为中心。不过，他们必须要学会为别人考虑，而且得明白，别人也是有愿望和需求的。在日常生活中，我们要以身作则，为孩子做出榜样，通过自己的言传身教让家中的“小吝啬鬼”也学会为别人着想。比如，吃饭的时候，我们可以把美味的披萨留一些给爸爸；给宝宝买冰淇淋的时候，也要给弟弟妹妹们带一个。这样他就会懂得去感知并尊重别人的需求。为别人放弃自己的东西需要很强的自律能力和移情能力。所以，当孩子和别人分享的时候，我们应该及时表扬他，因为这对他来说并不容易！

倔强的宝宝

有时候孩子会坚持独自应对某些情况，这是他们自我意识的表现。他会愤怒地拒绝家长的帮助。有些情况他们明明无力应对，却要坚持自己解决。最终他们必然会明白，并非努力就一定能够实现愿望。这时，孩子肯定会感到愤怒。孩子在努力形成稳固的自我观念时经常会遇到挫败和不确定的感觉。这就是“执拗”阶段出现的原因。不过，这种感觉其实有助于孩子认清自己的界限，形成健康的自我意识和自我价值。以下的建议可以帮助家长引导孩子顺利渡过这一阶段：

1. 如果请求合理，请给孩子自由决定的空间

在某些事情上，孩子应该拥有自主决定并推动其发展的权力。如果他想自己从衣柜里把今天要穿的衣服拿出来，那就让他拿好了。与让孩子形成健康、适龄的自我意识相比，一点点凌乱只是细枝末节。让孩子做主有助于培养他们的独立性。对于孩子取得的任何成绩都要予以表扬。如果孩子遭遇失败，我们一定要对他进行鼓励。

2. 明确界限

孩子想亲自实践并自主决定的同时，父母必须设定一个界限：那就是，这种愿望不能给孩子自己或他人带来危险。此外，我们的指令或者禁令必须简洁，易于遵守并且前后一致。切记：过犹不及！千万别滥用禁令，否则它就会失去意义。

3. 明确他人的立场

父母也有自己的个人愿望。我们应该将自己的需求清楚得体地表达出来，不产生顾虑。因为只有这样，孩子才会了解到，别人（即使是父母）也有自己的需求。

4. 尊重孩子的独立人格

即使我们暂时不能满足孩子的某些愿望和需求，也要通过行动让他们了解，爸爸妈妈理解他们的感受。我们没必要花几个小时给这个年龄的孩子讲大道理，因为他们还不能领会其中的意思。此外，在面对多个选择的时候，这个年龄的孩子也很难做出抉择。

亲子游戏

●传球游戏

所需材料：一个大小适中的球。

分开双腿坐在孩子对面，把球滚到孩子面前，再让他将球滚回来。来回滚一会儿之后，我们就要用双手拿球互相传递。这样做需要一定的协调能力。我们可以把球拿高一点，这样孩子就得用劲儿够。最后我们可以让"小运动员"用肘部撑在身后，把腿伸到前面来。把球放在他脚上，看看他能不能稳住球。

这个游戏适合三岁以上的幼儿。

性别认识

三岁的孩子不仅清楚自己的性别，还会开始对男女间的生理差异感兴趣。他们经常会提一些让父母惊讶的问题。事实上，我们只要直接告诉孩子那些部位的名称就可以满足他们的好奇心。如果我们能够自然而开放地回答孩子关于性别和性意识方面的问题，他们以后就会用同样的方式面对此类问题。

当孩子明确了自己的性别以后，就会开始向父母中和自己同性别的一方看齐，并逐渐认同自己的性别角色。当孩子做出符合自身性别角色的举止时，父母会对他进行表扬。孩子最初就是这样了解男女各自的典型行为特点的。比如，与玩布娃娃相比，小男孩儿在踢足球或者玩汽车时能够得到更多的关注。

孩子们的模仿对象每天都在他们眼前。他们会有足够多的机会模仿父母的行为。小女孩会在妈妈照顾弟弟妹妹时从旁观察，然后在玩布娃娃时做出相同的举动。四到五岁的孩子经常会问：宝宝是从哪里来的？他们怎么会进到妈妈肚子，然后又是怎么出来的呢？这一年龄段的孩子经常会研究自己的肚脐眼儿和外生殖器，有时候还会抓着它玩儿，这些表现都是正常的。四五岁的孩子还常常在讲话或讲笑话的时候提到大便。如果这一年龄段的孩子开始具有隐私概念，我们一定要尊重孩子的想法。

新的好朋友

我要去幼儿园啦

三岁的孩子几乎已经能够掌握家中所有常见的交流方式了。从这时开始，孩子就会慢慢走出家庭，开始寻求与他人、尤其是自己同龄人的接触。正是基于这种转变，孩子一般等到三岁起才开始上幼儿园。这一步对于孩子和家长双方的生活都是至关重要的。过去亲密无间的亲子关系在悄然变化，我们的宝宝变得比以前独立了。孩子会越来越频繁地在父母不在场的情况下独立与别人进行交流，这对双方来说都是一个巨大的转变。

上幼儿园之前，孩子越经常和其它小朋友或大人进行交往，他们就越容易适应入园后的生活。在幼儿园里，孩子们会学到很多有利于增强集体感的游戏，如捉人、拼图、小组游戏等。与同龄人相处的过程中所学到的东西，在其他情况下哪怕用类似的方式也很难获得。其原因在于，孩子在同龄人中是完全平等的，这与成年人对待他们的方式截然不同。这种平等意味着，在进行对话或者游戏时，所有的小朋友都要共同制定目标、做出决定，同时也要统统承担相应的责任。下面我们为大家介绍一个适合小朋友集体参与的游戏。这个游戏适合两到五岁的儿童。

亲子游戏

●可怜的小黑猫

所有小朋友围成圆圈。用数数儿歌的方式决定谁来扮演小黑猫。扮演“小黑猫”的小朋友要慢慢爬到每个小朋友面前，一边在他们的腿上蹭痒痒，一边朝着他们伸开爪子撒娇地喵喵叫。“小猫”来到身边时，每个孩子都要轻轻地在“小猫”的头上拍三下，同情地说：“哦，这个可怜的小猫咪！”谁要是忍不住笑了起来，就要到中间去扮演小黑猫。

你能跟我一起玩儿吗？

在本章开始时，我们已经指出，游戏对孩子社交能力的发展有着不可估量的重要作用。在做游戏时，孩子既能在受到保护的条件下无拘无束地发挥自我，又能自然而然地掌握成功的社会交往所需要的规则。两岁以前，孩子的自我观念以及自我控制能力还不发达，不能正确地和别的孩子一起玩耍。他们虽然已经表现出与同龄人一起玩耍的兴趣，但却仍然倾向于从旁观察或者自己一个人玩儿。随着年龄的增长，这种情形会渐渐发生改变。同龄人会变得越来越有吸引力。如果有个小朋友正在玩积木，您的孩子就很可能也想搭一座小房子。这两个小朋友虽然还不能很好地互相配合，但他们会坐在一起，互相观察，相互结识。他们会渐渐地习惯并喜欢上这种过程。结识之后，两人的接触会渐渐增多，他们表现出的社交能力也越来越强。完全熟识以后，两个人可能就会交换积木了：“我想要你的那块红积木。”“我可以拿两个蓝的跟你换。”这时，他们也会评价对方的能力：“你搭的塔可真高呀。”

一般的“社会性游戏”，也就是需要通过互动及合作才能完成的游戏，要到孩子三岁左右的时候才能真正参与。因为只有这时，孩子在语言、智力及身体上的发育才能达到足够的水平，他们也才会懂得如何与别人形成共识，并根据共同的目标来调整自己在游戏中的行为。如果孩子们决定一起搭一座高塔，他们就必须商定，把积木一块一块轮流摞起来，不然的话高塔就会面临倒塌的危险。

有的游戏会要求孩子根据同伴的行动来做出反应。通过这类游戏，孩子之间的交流会变得频繁密切，同时也会越来越流畅。此外，孩子们也可以设计角色扮演的游戏，这样最能锻炼他们的社交能力。

实用小贴士

●幻想世界

对于四到五岁的孩子来说，角色扮演游戏是锻炼并拓展其社交能力的最佳方法。进行游戏时，角色和自己的行为方式都要转换到游戏的情境中去。这样，孩子就有机会成为自己梦想中的角色，如飞行员、医生、消防员或者警察。同时，他们也要尽最大的努力来适应玩伴的角色。在这一过程中，孩子能够更好地认识自我和他人。

亲子游戏

●小骆驼过沙漠

所需材料：大浴巾或者毯子。

让两个小朋友一前一后站在一起，把浴巾或毯子盖在头上，扮成一峰双峰骆驼。准备好以后，小骆驼就要齐心协力穿越沙漠了。为避免骆驼前后脱节，孩子在跑的时候必须相互协调。这个游戏看似简单，实则不然，尤其是当我们什么都看不见的时候。

如果两个人不能协调脚步，毯子就会滑下来。如果有很多小朋友在场，就可以组织一个骆驼赛跑了。我们先要规定好赛道，每次安排两峰“骆驼”参加比赛。

这个游戏适合三岁以上的儿童。

脆弱的友谊

大概从四岁起，孩子就能踏踏实实地待在幼儿园里玩耍了。有时候因为玩得太投入，孩子可能根本注意不到家长已经来接他了。这一阶段的孩子开始建立起自己人生中的第一份友谊。不过，这种友谊远不如文学作品中描述的那样牢固。恰恰相反，幼儿园里的友谊常常会出现波折。要是最好的朋友找到了别的玩伴，或者小伙伴之间闹了别扭，孩子们往往会马上宣布：“我不跟你好了！”

尽管如此，处于这一年龄阶段的幼儿对友谊已经具备了初步的了解。他

们明白：朋友就是你特别想要跟他在一起的人。我们最喜欢跟朋友一起玩，只要和他们在一起就会很快乐。通过对幼儿之间交往的观察，科学家们确定，朋友之间拥有更多的快乐，他们在一起的时候聊得更多，笑得更多。好朋友愿意分享彼此的玩具。他们会同甘共苦，互相帮忙，一致对外。如果孩子早些学到如何收获并维系友谊，上学以后明显能够更好地融入集体。

我已经长大了，懂事了……

五岁的孩子社交能力已经比较强了。无论感到愤怒还是胆怯，他们已经基本学会了调整自己的情绪。如果父母能够亲密、体贴地支持孩子，对他在控制情绪时获得的进步和成功予以表扬，孩子就能更容易地学会控制情绪。通过观察，我们会发现，孩子是从大约三岁起开始形成羞耻心的。这就意味着：孩子已经接受了父母定下的规矩。因此，一旦犯了错误，负罪、羞耻以及后悔的感觉就会向他袭来。五岁的孩子在幼儿园已经算大孩子了，他们会自豪地意识到：大人们期望他们“懂事”一些，对待比自己小的孩子要有耐心，还要懂得照顾他们。如果有小朋友不能独自完成某件事，他们应该去帮忙。在别的孩子面前所起到的榜样作用能增强他们自我意识与自我价值感，还会激励他们在行动或解决问题时运用被人认可的行为方式。

促进社交行为的游戏

下面介绍几个能够促进孩子社交能力发展的游戏。这些游戏都适合多人同时参与。作为游戏的组织者，家长要首先说明规则，然后确保游戏有序地进行。在第一个游戏里，孩子们要两两相对站好，按照儿歌里唱的内容来跳舞：伸手交握，一起先向左走，再向右走；最后跑成一个大圆圈。这些游戏适合三至五岁的孩子。

亲子游戏

●小弟弟，来跳舞

小弟弟，来跳舞！伸出手，交给你。那边去，这边来，转个圈呀乐开怀！

你跳得，真叫棒！念儿歌，脚步忙。那边去……

小小脚，跺一跺，小小手，拍一拍。那边去……

小脑袋，点一点，小手指，敲一敲。那边去……

小游戏，真好玩，让我们，从头来：那边去……

下面这个趣味游戏要求孩子之间相互配合。这个游戏非常受小朋友的欢迎，最合适在孩子过生日时玩耍。游戏最少需要四个人参加。

亲子游戏

●木乃伊

所需材料：卷筒卫生纸。

将孩子们分成两人一组。听到口令后，一个孩子迅速把卷筒纸缠在另一个孩子身上，把他包成一个木乃伊的样子。被包裹的孩子要配合同伴旋转身体。五分钟之后游戏结束；哪队包得最严实，哪队获胜。

许多户外游戏既能让孩子们呼吸新鲜空气，又能在欢乐中促进孩子间的互动。比如，大家最熟悉的捉人游戏就能给孩子们带来一下午的欢乐。

特别篇

动物教育：与动物交朋友！

体验教育的主要方式是，通过不断面对新的环境和挑战来增强孩子的勇气与自信。与动物接触是体验教育的固定组成部分。在与动物交朋友的过程中，幼儿能够学习如何克服恐惧，赢得信任并增强对其它生命的理解。在成人的支持下，年长一点的孩子还可以学习照顾家里的宠物。这有利于增强他们的责任感。

与动物交朋友不仅是体验教育的一种方法，它对智力方面有障碍或身体有缺陷的儿童的治疗方面也具有独到效果。一般说来，与动物接触对孩子们有益无害。不过，我们也不能忘记，我们接触的是另一个生命，它们也需要关心和照料。因此，体验教育并不是非要让孩子拥有自己的宠物。定期和陌生动物（比如邻居的狗狗）接触不仅可以教育孩子，还能给他们带来乐趣。

实用小贴士

●小小动物园

让小朋友了解动物世界的最好办法就是带他们去参观小小动物园。小羊、小马和兔子等小动物最受儿童的喜爱。小小动物园里的动物一般都比较温顺。小朋友们可以直接和它们接触，抚摸它们或给它们喂食。这是非常有趣的亲身体验。

07

第七章

创造力——飞向梦想的彼岸

与生俱来的天赋

我们生活的世界纷繁复杂，瞬息万变。昔日的真理，今日或许就已“时过境迁”，未来的新鲜事物更是层出不穷。只有善于创新的人，才能迅速适应陌生的环境，乐于思考，做好准备应对今日的各种挑战。他们既能为自己建功立业，也能为社会做出贡献。“创造力”一词来自拉丁文中的“creare”，意为生产、创造。具有创造力的人不但能够想出新的点子，还乐于积极尝试陌生的方法。他们思维灵活，天马行空，能够举一反三，触类旁通。他们不会墨守成规，喜欢另辟蹊径，对陌生复杂的情况不仅毫无畏惧，反而将其视为不可多得的挑战。

孩子们天生具有好奇心、动手能力与创造的潜力。这是创新行为，创新思考所需的必要条件。为了让孩子的创造力得到充分的发展，我们要以爱心和耐心为基础，帮助孩子学习知识，提供必要的建议和鼓励，为他们营造一个安全空间，让孩子们勇敢地迈出创新的步伐。

接受新事物

作为人生中的起始阶段，童年充满了好奇心与无尽的可能。幼儿还没有形成固定的思维及行为模式。他们能毫无偏见地接纳新事物，用开放的态度面对未知的事物和过程，乐于尝试新的生活方式。这些小小探索者们一有机会就要刨根问底，他们会积极地去认识、摸索、了解与提问。在求知的过程中，他们不受任何传统束缚，喜欢使用他们自己想用的任何方法来了解这个世界的运行法则。他们会想：能不能用榨汁机打碎鹅卵石？能不能像涂指甲油那样，用指甲油为沙发和卧室的椅子画上漂亮的图案？各种形式的游戏是孩子们认识世界最好的方式，因此，它也是培养创造力的绝佳土壤。孩子的脑海中还没有形成固化的感知与思维方式，所以他们可以吸收任何新的知识。

游戏中的自由空间

在游戏中，孩子们能够尽情释放自己的天性。平时的各种规矩在游戏时统统失效，孩子们可以做自己想做的任何事情。玩耍的时候，孩子们可以倒转乾坤，肆意疯闹：他们可以放声大叫，也可以随意装扮，扮演不同的角色。在游戏中，孩子们的想象力不会受到丝毫约束，他们可以随心所欲，率性而为。游戏为孩子创造力的发挥提供了极大的自由空间。

创造力的源泉

创造力不像接受能力或者运动能力那样具有明确的标准。我们无法通过特定的测试来确定孩子有没有获得与其年龄相符的创造力。但是，创造力却蕴含在孩子成长的各个方面之中。

寻找与发现的乐趣

在生命最初的几个月到几年中，幼儿会在感知能力和运动能力的帮助下构建起自己对于世界的印象。他们会对自己周围的事物发生兴趣。比如，婴儿会长时间地盯着墙上的图片看，被画面上鲜艳的颜色与各种形状吸引，并将这些信息存储到自己的记忆中。他们会把注意力集中在移动的陌生物体上。这种寻找与发现的兴趣是创造力的重要组成部分。

亲子游戏

●玩具去哪儿了？

所需材料：不同的玩具（泰迪熊、小球、拨浪鼓等），一块手帕。

拿起一个玩具给孩子看，然后用手帕把它盖起来。故意做出好奇的样子问："泰迪去哪儿了呀？"当孩子把手帕掀开的时候，我们就高兴地叫道："原来它在这儿呀！"

这个游戏适合一岁及以上儿童。

运用想象力

到一岁半时，宝宝的智力发育就足以让他明白：即使我们暂时看不见也听不到某些物体或某些人，他们也是一直都存在的。如果说不到一岁半的宝宝还只能用眼睛、耳朵、嘴巴以及小手来理解世界的话，那么从十八个月起到两岁之间，他们便逐渐开始运用想象的力量了。在想象力及抽象思维的帮助下，孩子能够更有意识、更快以及更灵活地调整自己的行为来适应具体的情境。这样一来，孩子对外在因素的依赖就变小了。此外，想象的能力还为创造力奠定了重要基础，而创造力又是智力的组成部分。但是，这并不意味着所有在智力测试中得高分的孩子都具有较高的创造力。因为创造力的本质在于，唯有打破逻辑、因果和直线思维，才能产生全新的、独创性的成果。

亲子游戏

●汪——汪——汪，我是小狗

和孩子一起扮演小狗，在屋子里爬来爬去。学着小狗的样子汪汪叫，喘粗气，还要假装和孩子扮的小狗互相打闹。小朋友会在想象力的帮助下轻松进入角色。

这个游戏适合于两岁以上的孩子。

掌握运动，乐在其中

两岁以前，孩子主要发展的是抓、爬、站、走、跑等运动方面的基本能力。四到五岁的儿童已经十分灵活，一般的运动几乎都可以下意识地完成。如果此时遇到某种情况，用已有的动作全都无法解决，他们就有可能想出具有创造性的解决方法。如果一个五岁的孩子发现自己在尝试了多种方法之后，仍然不能用手打开瓶盖，他就可能会用更有力量的牙齿来咬开瓶盖了。在这一过程中，他将已有的知识应用到了一个全新的领域，为自己的问题找到了一个富有创造性的解决方法。

亲子游戏

●搞笑的彼得

一个孩子问："难道你没有看到搞笑的彼得吗？"一个孩子答："看到了呀！"第一个孩子又问："他在干吗呢？"被问的孩子不能说话，而是表演一些滑稽的动作，比如用一条腿跳，瘸着腿走路，在地上爬等。参加游戏的其他小朋友要模仿他的动作。第一轮被问的孩子在下一轮可以提问。

这个游戏适合四岁以上的儿童。

充满童趣的想象力

将近四岁的时候，孩子的想象力会喷涌而出。他们能够自己编童话，讲述巫婆、魔法师和王子的冒险故事。在他们的故事中充满了各种魔法人物，小精灵、地仙、小矮人和狼人都栩栩如生。这一阶段的幼儿想象力的特征表现为：对于他们来说，想象世界与现实世界的界限仍然比较模糊。所以如果孩子害怕柜子中的怪物或不断地和他们的隐形朋友说话，家长务必要保持耐心，千万不要讽刺孩子或者直接否定他们的想象世界。因为，想象不仅能够帮助儿童诠释自己的经历和恐惧心理，还能帮助他们学习发挥想象、创造事物以及拓展思维的能力。因此，我们应该借助书本、故事或者是广播剧来让这个年龄段的孩子接触各种不同的童话。

下面这个游戏就需要孩子对常见的童话具有一定了解。

亲子游戏

●童话大接龙

参加游戏的孩子要把著名童话故事中的片段串起来编成一个新的奇幻故事。比如“从前有一只母羊，她有七只小羊羔……”“有一天，在森林里迷了路的白雪公主来到了她的家里……”“她们一起来到了一座姜饼屋前，那里住着一只穿靴子的猫……”等等。

这个游戏适合四岁以上儿童。

尝试与实验

孩子天生就乐于研究，他们想对所有事物进行探索，每天东摸摸，西瞧瞧，动不动就把东西大卸八块，用来进行实验。对他们来说，最好的学习方式莫过于将他们感兴趣的事物亲自研究一番。我们可能都曾见过，自己的孩子拿着圆珠笔认真摆弄，想搞清楚它到底是怎样写出字来的。他们还常常会问“鱼竿儿是怎么做出来的？”“漂亮的树屋是怎么盖的？”等问题。对学龄前的儿童来说，理论性的引导仍然过于复杂，“边实践边学习”才是最好的办法。通过积极地动手操作，孩子们能够真切地了解物品的特性、构造及工作原理，它们之间的联系也变得清晰起来。在动手实验的过程中，孩子有机会了解生活领域的各个方面，这对他们以后的学习大有裨益。当孩子玩弹珠、堆积木或者拆玩具的时候，他们其实是在认识形状、技术以及因果关系。

孩子也会用同样的方法打开生物和自然科学的大门。在森林、草地、湖

边或路边的每一次漫步都不亚于一次发现之旅，令孩子们收获丰富的自然知识。孩子们会把途中发现的植物摘下来带回家做成标本。他们也能在湖边兴致勃勃地观察鱼和蝾螈，或者捉来蜘蛛、小虫和蜗牛，充满好奇地放到显微镜下观察。这些在实践中学习的经历形式多样，富有意义，能够给孩子留下深刻的印象。通过视觉、听觉及触觉同时感受到的东西是不那么容易忘记的。

亲子游戏

●观察雪花

下雪的时候，我们正好可以细细研究窗上的雪花和冰花。让孩子拿着放大镜靠在窗边仔细观察，然后把他看到的东西描述出来。描述观察所得的能力是发展新思想的重要前提。

走近艺术，乐在其中

一谈到富有创造性的活动，我们最先想到的可能就是艺术创作与作品。不过艺术创作却不仅仅是天才的专利。许多人都渴望表达自我，希望能以艺术的形式把自己的思想和想象展现出来。在做手工、画画、剪裁或玩橡皮泥时，儿童能够学会有意识地运用自己的想象力。三岁的孩子就会喜欢摆弄乐器，敲出有趣的音符了。他们最喜欢在跳舞时随心所欲地随着音乐摆动身体。学龄前儿童可以通过童谣和游戏学习创造性地使用语言。如果孩子们有可能通过这些方式去接触艺术，他们就会感受到自身的主动性，意识到自己也能够做出一些供人欣赏或倾听的作品。创造作品时的自豪感不仅能增强孩子们的自我价值感，还能鼓舞他们创造的勇气。所以，我们应该经常赞美孩子的“作品”！最好在墙上钉一块软木板，这样便于将孩子的作品用适当的形式展现出来。

如何促进创造力的发展

创造力的发展对孩子来说至关重要，因为这能帮助他们完善个性，增强自我意识及对自身能力的自信。此外，创造性在日后的工作中也是不可或缺的。

正确的前提

我们应该在某些方面给予孩子适度的自由，让他们自己去摸索体验，不要予以干涉，也不要越俎代庖。但在给孩子自由的同时，我们要时刻做好支持他们的准备。创造力的发展需要勇气、勤奋以及对目标矢志不渝的追求。

想要拥有这些前提，父母的鼓励、启迪与支持是必不可少的。不管在哪个领域，要想变得富于创造力，仅仅拥有天赋是不够的。创造力需要坚实的知识与能力水平作为支撑。因此，对儿童发展的全面促进也能够推动其创造力的发展。下面为大家列出几项对促进创造力发展至关重要的因素：

1. 创造力需要空间

孩子要能够动起来。在房间里给孩子留出一块空间，好让他们的创造力有用武之“地”。孩子可以随意搭建这方小天地，也可以用家具和其他物品进行游戏，即使搞得一片狼藉也无所谓。不过请注意，为孩子提供太多玩具反而不利于增强他们的创造力。

2. 创造力需要时间

创造性思维的培养不在一朝一夕。我们应该鼓励孩子，在面对一项任务时，不要总是选择显而易见的答案。因此，我们应该给孩子足够的时间，让他们去寻找新的方法。小朋友们喜欢开动脑筋，尝试各种不同的可能性。他们会反复验证，也会反复出错。这一过程本来就需要时间，允许犯错也是创造过程中不可或缺的条件。

3. 创造力需要材料

只要有机会尽情体验、研究和使用各种不同的材料，孩子们就能够以它们为原料，想出成百上千的游戏创意。我们应该为他们准备好纸张、纸板、笔、颜料、刷子和粘土等材料，鼓励小艺术家们自己去尝试、去试验。餐具、锤子和钉子这类日常生活用品对孩子们也别具吸引力。

4.创造力需要动力

当孩子发挥创造力的时候，最喜欢听到别人的赞扬。请鼓励孩子去追本溯源、探求新知。当孩子发现，他突发的灵感和创作能够得到爸爸妈妈的赞赏，他就会获得发挥创造性所需的力量与动机。

玩出创造力

下面介绍的游戏能够鼓励孩子积极独立地去探索世界。其实，通常只需某种动力、某个想法或者某个条件，我们就能激发出这些小发明家的创造性天赋。这些游戏比较适合三至五岁的孩子。

亲子游戏

●巫婆的样子？

所需材料：彩笔或蜡笔，足够的纸张。

给孩子讲《汉塞尔和格雷特》这个童话，着重描绘巫婆这个角色。故事结束后，让孩子把他想象中的巫婆画出来。孩子笔下的巫婆肯定是独一无二的，因为这是他发挥想象创造的形象。如果我们也试着画一下，就会发现，自己想的肯定和孩子不一样。要记住，无论将巫婆画成什么样，都没有好坏之分。这个游戏适合四岁的儿童。

在下面这个游戏中，家长和孩子要亲自制作卡片送给亲朋好友。这样，我们不仅能玩，还能制作出一些实用的东西。这个游戏适合三岁以上的儿童。

亲子游戏

●冬天的景色

所需材料：彩色纸板、黑笔、胶棒、棉花或其他用于粘贴的材料。

让孩子用黑笔在纸上画一个雪人的轮廓。然后把棉花撕成小片儿，按照之前画好的轮廓粘到纸上，直到雪人全部变白为止。用这个方法就可以做出漂亮的圣诞卡了。

此外，异域之旅也能激发孩子的想象力与创造力。我们可以同孩子一起在想象中去历险。我们会看到什么不同的风景？有没有遇到大海或者茂密的原始森林？让孩子想象一下，我们在历险中会碰到什么生物。我们到了那里会不会拥有超能力？说不定我们还能飞起来呢！

特别篇

艺术教育：孩子的创造力

孩子要先学会发声，然后咿呀学语，最终才能说出第一个词语。同样，他们在和纸笔打交道的时候也要经历不同的阶段。孩子通常从一岁起便开始对画笔感兴趣。这时，他们还只能画出一些歪七扭八的线条。这一阶段可能持续一到两年，渐渐地，孩子们笔下就出现了各种小人儿。这时，孩子才渐渐拥有了画复杂物体的能力。

上述发展过程中的每一阶段都很重要。它们不仅对孩子精细运动能力，还对认知能力（包括感知能力、描述能力、仔细观察的能力）的发展具有影响。

因此，我们应该鼓励孩子拿起画笔。不过，我们务必要尊重孩子的意志。家长只需确保孩子想画画的时候能找到纸和笔就可以了。

孩子每完成一幅作品，我们都应该予以表扬，这样能够巩固孩子的兴趣。我们还可以让孩子描述他的作品，只要我们愿意听，孩子肯定会感到特别骄傲。

08

第八章

体验教育——动脑、动手、全心学习

学习：全身心的过程

“言传，容易遗忘；身教，仅能记忆；体验，才会理解。”

“纸上得来终觉浅，绝知此事要躬行。”早在上千年前，中国的这句古诗就一语点出了现代教育学家们所推崇的教育理念。在体验中学习是最有效的教育形式，也是体验教育的核心思想。只有亲身尝试，我们才能发现、理解并感受到该理念背后隐藏的真谛。

体验教育的理论传承

体验教育学起源于两百多年前，那是一个教育形式非常保守的时期。那时的教育往往意味着鞭笞。人们认为游戏或冒险活动对孩子有害无益。在这种环境下，一些革新者们向教育界提出

了反对的声音。哲学家让-雅克·卢梭（1712~1778）就是率先提出体验教育学理论（当时被卢梭命名为“自然教育”）的代表之一。卢梭以及其后的同事亨利·大卫·梭罗和库尔特·哈恩之所以提出这种教育形式，是因为他们观察到随着社会的发展，城市化和工业化使得越来越多的孩子与青少年忘记了该如何用身体切实地感受周围的环境。早期教育和学校教育过于强调孩子智力的培养，身心的体验经历和体能挑战的重要性却渐渐被人忽视。然而，只有通过这些经历，孩子们才能更好地认识自我、评价自我。

卢梭看到孩子变得越来越被动，因此将“生活不是呼吸，而是行动”这句话作为其教育理念的口号。根据这一口号，孩子在学习室不应该仅仅用脑，还应该敞开心灵和身体。二十世纪三十年代，库尔特·哈恩的建议使这种教育形式获得了新的突破。哈恩开办了当时第一所提供体验教育课程（如扬帆出游）的学校。如今，这种教育方法早已深入人心。体验教育法的历史虽然并不太长，但它获得的成功，大家是有目共睹的。

体验教育的目标

体验教育学的目标无法用传统教育理念来衡量。体验教育学理论认为，孩子不应该只专注于特定技能（如写作、游泳、跳舞等）的改善，而应通过体验获得情感、理智与心理上的整体提高，并同时为日常生活做好准备。父母应该为孩子创造体验的机会，制造一些又新鲜又紧张的挑战，例如攀爬、越野等活动，让孩子有机会独立搜索、求知及体验。这些经历会让孩子体验到自身的极限，使他们因此而成长。因为体验教育学的目标就是：通过不断的全新挑战让孩子了解自己身体和精神上的潜能，从而更好地评估自己的潜力。而儿童与生俱来的好奇心特别有利于这种教育方法。因为在遇到不熟悉的情况时，孩子通常会把它视为令人兴奋的冒险，而不是令人不安的尝试。而冒险的经历越成功，孩子就能

愈发自信地克服遇到的困难。无论在今后的人生中遭遇何种情况，他们都能怀着一颗独立、好学与无畏的心去面对。少年时代培养的品格将伴随他们一生。勇敢的孩子终将成长为一个坚强的人。

体验教育的原则

体验教育虽然是一种开放的、打破传统的教育形式；但在使用过程中，成年人仍需遵守一些基本的原则。下面就是在体验教学中需要遵守的几大重要原则：

1. 亲身体验优于被动学习

体验教学的根本原则是：一定要让孩子亲身面对全新的情况，而不是仅仅从旁观看。这个原则符合孩子爱玩的天性。例如，“过家家”是最受小朋友欢迎的游戏之一。在这个游戏中，孩子不仅能够模仿家庭生活中的典型情况，还能熟悉不同的社会角色。根据体验教育的理论，孩子应该自己扮演游戏中的角色，而不是用娃娃或其他玩具来代替。他们要自己来扮演父亲、母亲或者孩子。与间接使用玩具进行模仿相比，通过亲身体验所获的经历效果更加持久。只有亲力亲为，孩子才能更好地从父母的角度去思考，从而更好地理解父母的行为。

2. 冒险经历优于日常生活

冒险的经历在体验教学中具有重要的意义。这里的冒险指的是一些新鲜

的、日常生活中不太常见的情况。虽然有些事情大人已经习以为常（如驾车通过自动洗车设备），但对于孩子来说却是一次令人兴奋的冒险。如果能将每一次陌生的经历都视为新的挑战，孩子在迎接挑战的过程中自然能够受益匪浅。需要注意的是，任何经历都不能仅限于模仿，孩子们必须去亲身体会。只有这样才能取得良好的学习效果。

3. 集体体验优于个人体验

我们虽然也可以单独对孩子进行体验教育，但是集体体验有着不可比拟的优越性。在集体体验中，孩子不仅要面对新情况所带来的挑战，还能提高自己在社交学习方面的能力。除了让孩子们学习如何相互合作、共同解决难题，集体体验还能培养团队合作精神，提高宽容度。除了这些优点以外，大家共同冒险也会更加有趣！

4. 自愿优于强迫

自愿是体验教育成功的基本前提。因为只有自觉自愿时，孩子们才会调动兴趣，愿意并能够主动地学习。在这一点上，成年人也不例外。不过体验教育的任务和经历一般都非常有趣，所以孩子们通常都乐于参加，不会发生抵触情绪。

知识链接

老少皆宜的体验教育

“活到老，学到老”是大自然的法则。因此，体验教育学的对象不仅仅只是针对儿童。体验教育法尤其适用于青少年时期。它能调动青少年的积极性，帮助他们在顺利渡过这一困难阶段的同时建立起稳定的自我价值观。有人指导的集体运动或短期的学习考察，如皮划艇旅行或者徒步郊游等，这些有趣的休闲活动都能用来进行体验教育。即使对成年人，体验教育式的冒险挑战也能令人受益匪浅。大型公司经常为员工组织这类活动，以激发员工的积极性，提高合作质量。高空绳索攀行是最受欢迎的运动之一。员工们要一起爬上高架，克服恐惧，在这一过程中，团队意识就会油然而生。

生活大冒险：日常生活中的体验教育

体验教育给家长的任务就是找到既紧张有趣、又富有教育意义的活动。家长们可以自由地发挥想象，不必受到任何束缚。因为所有新鲜的情境都可以当作体验教育的游戏。我们不应以成人的标准来思考，因为大人习以为常的事情，在孩子眼中却可能是一场令人兴奋的冒险。无论是在商场购物，还是到森林去散步，这些都可能成为孩子们的冒险活动。我们应该仔细观察，了解孩子对什么特别好奇，从而设计出适当的游戏。例如在扔空瓶子时，我们可以让四到五岁的孩子自己把瓶子塞到自动回收机里去。这对孩子来说就是一种有趣的经历，它能锻炼孩子的灵活性与专注力。散步也特别适合积累新的体验。从三岁开始，孩子就能试着爬上树枝，保持平衡了。爬树

不仅能够锻炼孩子的活动能力，还能让他们了解自身的极限。

实用小贴士

●最初的责任感

我们可以让孩子把树干当作一座桥，它能通往满是怪兽的海洋。这样能够将普通的爬树变得更加有趣。花园同样能为孩子带来激动人心的体验。我们可以为孩子在花园中划出一块空地，让孩子种植自己的花朵。种花能够让您的孩子首次体会到什么是责任感。各类香草最适合孩子种植，因为它们能对孩子的嗅觉和味觉产生双重影响。

综上所述，只要发挥想象，体验教育就会变得丰富多彩。任何一种情况都可以变为有趣的游戏。下面为大家介绍一些能够寓教于乐的游戏。

亲子游戏

●越野探险

到森林去散步足以令人兴奋。但是，如果敢于离开熟悉的道路，我们就可以来一次真正紧张有趣的越野探险了。我们可以改道人迹罕至的小路，翻越小丘，披荆斩棘。地面可能又滑又湿，沿途布满各种菌类；我们还得时而弯腰，跳过障碍。森林里有数不尽的乐趣，让您的孩子都尝试个遍吧。只要与孩子一起走入森林，各种新奇的事物肯定能让我们目不暇接。

与孩子一起做这个游戏时，我们一定要选择光线明亮的林区，保证孩子随时能够看清地面。我们可以根据孩子的年龄对这个游戏做出适当的调整。六岁的孩子可以独自进行一段森林探险，父母可以留在大路上漫步。对于更小的幼童，离开大路两三米远就已经足够刺激了。这个游戏的目的不仅是让孩子变得更加勇敢，还要让他们懂得如何谨慎行动。要想在林间开辟道路，孩子们就要学会寻找方向，并相应地调整自己的行动。

下面这个游戏主要锻炼孩子们的灵活度和敏锐性。他们将学到，如何在进行全身大运动（跨越障碍）的同时对局部的精细运动进行控制（拿着鸡蛋）。这个游戏要求孩子具有高度的灵活性和专注力。

亲子游戏

●生鸡蛋，不能掉！

在花园或卧室里放一些障碍物，要让孩子完成不同的项目：可以把绳子放在地上，让孩子踩着绳子练习平衡；也可以让孩子从椅子下爬过，绕桩跑，倒着跑或跳跃等等。给孩子一个生鸡蛋，让他拿在手里。孩子们要穿过障碍物，同时不能弄破鸡蛋。如果孩子比较大，我们也可以把游戏变为：让孩子用勺子来端住鸡蛋。这个游戏适合四岁以上的儿童。

回想一下我们的童年：对于孩子来说，还有什么比露营更令人激动的吗？夜幕降临后，帐篷外面一片漆黑，我们只能听到周围的声响。这是锻炼胆量的最好时机。找一个温暖的夏夜，与孩子在自家的花园里共度一晚。不过，如果孩子比较胆小，就不要对他过分苛求。露营能够让孩子变得更加勇敢。

综上所述，体验教育的游戏千千万，要想获得最佳效果，还要从孩子的切实情况入手。当孩子们在想象的世界里天马行空之时，我们要仔细倾听。他们的想象能够感染我们的心灵。让我们和孩子一起来创造更多、更新鲜的游戏吧！

实用小贴士

●小 结

父母在体验游戏中的注意事项

游戏的形式：体验教育中的各种经历对孩子来说都是一种未知的新情况。为了让孩子大胆尝试，我们要将这些经历设计成游戏的形式。我们可以为每一个情况设计一个相应的故事，让孩子在这个故事中扮演探索者或英雄的角色。

集体经历：独乐乐，不如众乐乐。共同玩耍不仅更有意思，还能学到更多东西。我们应该邀请其他小朋友一起参加体验游戏。这能培养孩子们的社交能力。

适度休息：孩子们初到人世，对许多东西都还一知半解。我们应该给孩子足够的时间，让他们能够加深印象，巩固所学的知识。休息时间最好由孩子自己决定。只要一发现孩子开始抱怨或兴趣不高，我们就该结束游戏。

不要离开孩子：面对新情况，孩子们需要更多的安全感来战胜恐惧，克服挑战。家长一定要站在孩子的视线以内，随时准备提供帮助。

避免挫折：失败也是必经的人生体验，但我们应该尽量避免让年龄尚小的幼儿遭遇失败。因为幼儿健康的自我意识尚不健全，还无法正确处理这类挫折。因此，我们在设计体验游戏时应该注意，要让孩子始终能够成功地克服各种挑战。